잘나가는
서비스 기획자 도그냥은

왜 PM/PO가
되었을까?

IT 기획자에서 프로덕트 오너로 점프하기

이미준(도그냥) 지음

잘나가는
서비스 기획자 도그냥은
왜 PM/PO가
되었을까?

블랙피쉬
Black Fish

CONTENTS

/ Chapter 01 /

일잘러의 세상이 흔들렸다

/ Chapter 02 /

메타인지에서 시작한 프로덕트 오너로의 도전

우물 밖으로 점프! 프로덕트 오너로의 도약

경계 없는 일잼러의 탄생을 위해

10년 차 우물 안 일잘러,
10년이 더 지나도 일잘러가 되기로 결심하다

옛날 어느 마을에 우물 안에 사는 개구리 한 마리가 있었습니다. 이 개구리는 태어나서부터 그 우물 안에서만 생활했습니다. 우물 안에는 크고 작은 돌멩이가 있었고, 개구리는 이 돌멩이를 뛰어다니며 놀았습니다. 개구리가 우물 안에서만 본 하늘은 원통 모양의 작은 하늘이었습니다.

하루는 바다에서 온 거북이가 개구리를 만났습니다. 거북이는 바다의 광대함을 이야기했습니다. 파도가 천지를 넘나드는 모습, 수많은 생명체가 사는 바다의 광활함, 그리고 바다 위로 펼쳐진 아름다운 하늘의 모습을 자세히 설명했습니다.

그런데, 우물 안에서만 살아온 개구리는 그 모든 것을 이해하지 못했습니다. 개구리는 자신이 평생 살아온 우물을 가리키며 말했습니다. "거북이 씨, 당신이 말하는 그 '넓은 세상'이라는 것이 저 우물보다 얼마나 더 클 수 있겠어요? 여기서 저 돌멩이까지는 열 걸음에 갈 수 있는데, 바다는 얼마나 더 크다는 건가요?'"

우물 안 개구리 이야기는 한정된 지식과 경험 안에서 세상을 이해하는 것이 개인의 성장을 얼마나 저해하고 편협하게 만들 수 있는지 보여주는 우화다.

우물 안에서 자란 개구리는 우물 안의 돌을 뛰어다니면서 자신의 점프가 대단하고 누구도 자기만큼 점프할 수는 없을 거라고 생각한다. 바다라는 대단한 세상을 믿지 못하는 것을 떠나서, 바다라는 세상이 거짓말이라고 생각할 수도 있다. 아니면 바다라고 해 봤자 열 걸음보다 조금 더 큰 스무 걸음 정도라고 생각할 수도 있다.

우물 안에는 개구리보다 작은 다른 생명체들도 있었을 것이다. 개구리는 바닥을 기어다니는 작은 생물과 비교해 열 걸음이나 더 뛰어다닐 수 있는 자신이 우월하다고 믿었을 테고, 실제로 그 안에서 부러움과 찬사를 받아 왔을 수도 있다. 인간들이 사는 세상으로 치환했을 때 이 우물은 하나의 직장이나 삶의 터전일 수 있고, 개구리는 인간 세상에서 가장 잘난 사람, 소위 말하는 '일잘러(일을 잘하는 사람을 빗대어 이르는 말)'라고 볼 수도 있다.

나는 서비스 기획자라는 이름으로 시작하여 온라인 서비스를 기획하는 일을 한다. 직업명을 들어도, 일에 대한 설명을 들어도 모호하게 느껴지는 직업 중 하나다. 여전히 대다수의 사람들이 개발자나 디자이너는 알아도 서비스 기획자에 대해서는 잘 모른다. 하지만 서비스 기획자는 인터넷이 발달하기 시작한 1990년대 말부터 지금까지 20년이 넘는 역사를 가진 직업으로, 나름의 일하는 패턴을 구축하며 시장을 형성해 왔다. 그러다 코로나 시기에 IT 산업이 발달하며 서비스 기획자가 덩달아 각광받기 시작했는데, 이때부터 문제가 생겼다.

2015년 전후로 IT 업계에 나타나 압도적인 성장을 일궈 낸 사람들이 있다. 그들은 실리콘밸리의 일하기 방식을 국내에 들여왔다. 같은 일을 하면서도 다르게 했고, 그렇게 변화와 진보가 만들어졌다. 다름을 강조하는 그들은 서비스 기획자라고 불려 왔던 기존의 이름을 벗어던지고, '프로덕트 오너(Product Owner, 줄여서 PO)'라는 새로운 옷을 입고 등장했다.

어떤 개구리들은 얼른 자신의 우물을 재빨리 벗어나 새로움을 추구했지만 어떤 개구리들은 다른 우물의 존재 자체를 부정했다. 시도도 해보기 전에 우물 밖에 절대로 나갈 수 없을 거라고 단정하기도 했고, 오퍼를 받아서 우물을 벗어나고서도 영화 〈쇼생크 탈출〉의 레드처럼 새로운 현실에 적응할 수 없다며 좌절하기도 했다. 어쨌든 개구리의 세상은 크게 흔들렸다.

이 책은 나름의 자부심을 가지고 일하던 나의 성장에 대한 이야기다. 우물 안에서 잘난 척하고 살던 내가 우물 밖으로 나가 새로운 삶에 적응하고 나만의 기준을 만들기까지, 하루하루 애쓰고 노력했던 날들의 기록이다. 온라인 서비스 기획자라는 특정 직무에서나 일어난 큰 변화에 대한 글이라고 생각할 수 있겠지만, 사실 이러한 변화와 그로 인한 고민은 누구에게나, 언제든 찾아올 수 있다. 특히 10년쯤 일을 하게 되면 반드시 우물 안을 벗어나야 할 때가 온다. 그게 내 직업처럼 시대적인 변화를 맞이해서든, 아니면 회사나 개인의 발전과 관련해서든, 하던 대로만 해서는 성과가 나지 않는 순간이 반드시 온다.

스마트폰의 등장과 코로나 바이러스로 인해서 변화된 삶은 더 이상 말할 것도 없고, ChatGPT의 시대가 오면서 달라진 업무 환경은 분명 우리에게 우물 밖을 나갈지 말지에 대한 결정을 강하게 요구하고 있다. 광고회사에 다니던 7년 차 A는 TV 광고보다 앱을 통한 프로모션이 주력이 된 회사 분위기에 소외당하는 기분이 들어서 서비스 기획을 배우려고 했고, 유명 포털회사에 20년 가까이 다니던 J 선배는 갑작스럽게 달라진 회사의 요구와 방향성에 큰 혼란과 열등감을 느껴서 고민 끝에 창업의 길로 나섰다고 했다. 평생직장이 없는 시대에 누구나 겪을 문제가 되고 있다.

하지만 모두가 이들처럼 적극적으로만 행동하는 것은 아니다. 10년간 한 가지 방식으로 일을 해 온 사람은 일하는 방식을 바꾸기 위해서 도전하는 것이 무서울 수도 있고, 다른 일하기 방식에 대해서 우물 안 개구리처럼 행동하기도 한다. 특히 기존의 방식으로 일을 잘한다고 느끼고 타인에게 긍정적 피드백을 들으면서 나름 뿌듯했던 사람이라면 더더욱. 나도 이런 케이스였고, 도전이 무서웠다. 그러나 나는 10년이라는 시간을 담보로 커져 온 에고(Ego)를 스스로 깨기로 결심했고, 에고가 깨진 자리에서 자라난 열등감과 질투심이란 감정을 똑바로 마주했다. 이윽고 직업인으로서 나의 일을 다시 긍정적으로 바꿔 나가기로 했다. 이 글은 나의 가장 솔직한 이야기가 될 것 같다.

화려한 직업적 성공이나 엄청난 발전에 대해서 이야기하는 것은 아니다. 그런 것은 없다. 그저 우물 밖에서도 잘 살아남았다고, 그리고 우물 밖의 세상이 다른 우물이 되지 않도록 나의 세상이 확장되었을 뿐이라고 이야기하고 싶다. 물론 다른 사람들에게 나처럼 하라고 강요하는 것도 아니고, 나의 선택이 더 좋다고 이야기하려는 것도 아니다. 기준은 각자 다르겠지만 오랜 시간 일하다가 찾아온 급격한 변화와 확장의 시기를 나는 어떻게 이겨 냈는지, 한 사람의 레퍼런스로서 남기고 싶었다.

내가 우물 안을 벗어나기로 한 이유는 단순하다. 나는 변화를 만들고자 생각한 그 시점부터 10년이 더 지나더라도, 일을 잘하는 사람으로서 자존감을 가지고 싶었기 때문이다. 나아가 회사가 나의 이름 앞에서 지워지고 달라지더라도 나에 대한 온전한 성장을 이루고 싶었다.

하지만 이 거창함 속에서 나의 변화 과정은 마치 롤러코스터와도 같았다. 상상해 보라. 드넓은 바다의 존재를 인식하고 그 앞에 섰을 때 우물 안 개구리는 과연 어떠한 감정을 느낄까? 우물 안에 있을 때는 에고의 작용으로 비아냥대고 때론 부정하려 들지 모른다. 그러나 우물 밖에서 바다를 마주할 땐 압도당하고 정신이 멍해질 것이다. 그러면서도 '설마 저게 다 물일까' 하는 의심을 할 수도, '이제는 바닷물에 빠져서 죽을 지 모른다'고 생각할 수도 있다.

그러나 생각해 보면 바다와 염분이 적은 기수에서 모두 살 수 있는 '게잡이개구리(바다개구리라고도 불린다)'가 있지 않나. 마찬가지로 나 역시 양쪽의 생리를 익히며 살아남기 위한 시도를 했기에, 우물에서 다음 세계로의 점프가 두렵진 않을 것 같다.

10년이 지나도 내 일을 당당히 설명할 수 있기를, 현실에 안주한 채 고여서 썩어 버리지 않기를 바라며. 언젠가 또 내가 넘어야 할 한계가 왔다고 생각될 때 나에게 용기를 주고자 이 글을 쓴다.

· 독자께 전합니다. ·

이 책을 재미있게 읽으실 수 있도록 두 가지를 미리 밝혀 두고자 합니다. 첫째, 우물을 탈출한다는 것은 전문성의 확장을 의미하며 단순하게 이직을 의미하지는 않습니다. 둘째, 이 책은 실제 시간의 흐름을 기반으로 작성되어 '경험 → 혼란스러움 → 깨달음 → 이해를 정리하는 돋보기'의 흐름으로 쓰여 있습니다. 읽는 중에 혼란스러움을 느끼셨다면 당시의 제 마음이 그러했다고 봐 주시면 좋겠습니다. 부디 우물 탈출과 생존의 이야기를 재미있게 즐겨 주시길 바라며….

"안녕하세요, 오늘도 1g만큼 성장하고 있는 도그냥 이미준입니다."

CHAPTER 01

일잘러의 세상이
흔들렸다

우물 안 일잘러,
회사 밖에서도
일잘러를 꿈꾸다

01

□
○

일잘러의 세상이 흔들렸다

2011년 1월은 나의 커리어가 시작된 해다. '죽을 사(死)'로 불리던 사학과를 졸업하고 갈 수 있는 직무는 많지 않았다. 서류 단계에서 수십 번을 떨어지고 난 뒤 우연히 알게 된 '온라인 서비스 기획'이라는 직무는 이력서를 재정리할 기준이 되어 주었고, 난 어렵게 정규직 전환이 가능한 인턴부터 시작할 수 있었다. 기업을 골라 가기는커녕 유일한 합격이었다.

누구나 그렇듯이 기업에서 일을 배우고 운도 좋게 잘 적응해서 회사 생활을 하다 보면 보이는 것들이 많아진다. 첫 3개월이면 우리 팀의 역할이 뭔지 알게 되고, 1년이면 어느 정도 내 직무에 익숙해지고, 3년이면 조직 전체의 형태와 권력 관계도 보이고, 5년쯤 되면 너무 익숙해져서 성장의 한계나 일에 대한 염증도 느낀다. 거기다가 중간에 몇 번 우수 직원 평가를 받거나 내부에서 수상이라도 하게 되면 스스로 자부하게 된다. '나는 일잘러'라고. 빈말이라도 팀 내 에이스 소리를 듣기도 한다. 회사의 규모가 작다면 사실 5년도 채 걸리지 않을 것이다. 누군가는 나를 보고 건방지다 하고 누군가는 내 능력을 인정하지 않아도 상관없었다. 내가 그렇게 믿었으니까.

2020년 6월, 일을 시작한 지 딱 10년이 되던 해에 난 그간의 일하는 방식과 노하우를 정리한 책 《현업 기획자 도그냥이 알려주는 서비스 기획 스쿨》을 출간했다. 10년이란 세월 동안 하나의 분야, 하나의 회사에서 한 가지 직무를 해 오고, 이를 기반으로 글을 쓰며 3년간 강의를 해 왔던 나에게 그 책은 하나의 총정리이자 기념비였다. 책에 대한 반응도 좋았다. 서비스 기획을 처음 시작하는 사람들은 그 책을 보고 '실무자의 이야기를 직접적으로 들려주면서 구체적으로 업무를 하나하나 배울 수 있어 좋다'는 평을 남겼다. 그도 그럴 것이 이론적이거나 지나치게 현학적이라기보다는 평범한 회사에서 평범한 직원인 내가 평범하게 궁금증과 경험을 쌓아 가면서 일해 온 이야기였기 때문이다. 그 안에서 느낀 감정이나 문제를 해결해 온 과정은 내가 가진 보편적 지식이 큰 힘을 발휘한 결과였다. 나는 분명 한 기업에서 서비스 기획 직무를 해 오면서 못한다고 크게 욕먹지도 않고 평가도 잘 받아 온 자칭 일잘러였다. 최선을 다해 정리했기에 좋은 평가에 뿌듯했다. 그 리뷰를 보기 전까지는.

서비스 기획 업무 입문서로는 보기 좋다. 그러나 필자는 프로덕트 매니저와 서비스 기획자를 동일시하는데, 롤은 명백하게 구분이 가능하다. (그러다 보니 프로덕트 매니저에게 제품의 CEO란 표현을 쓰기도 한다.)

프로덕트 매니저의 경우는 목표 설정, 제품 전략, 문제 정의(발굴), 솔루션, 우선순위 결정, 실행, 제품팀 관리 등에 더 무게를 둘 수 있다.

즉 프로덕트 매니저는 Why와 What을 고민하는 게 주 역할이라면, 한국에서 말하는 서비스 기획자는 How 즉 어떻게 만들 것이냐에 초점이 맞춰져 있다. 즉, 문제 발굴과 실행을 구분해서 롤을 바라봐야 하는데 필자는 대기업의 서비스 기획자의 경험만 있다 보니, 크로스펑셔널한 제품팀에서의 프로덕트 매니저의 경험이 없다. 이 부분에서 프로덕트 매니저와 서비스 기획자에 대한 구분을 명확히 못 한 게 아쉽다. (2020.07.20. 교보문고의 리뷰)

처음 이 리뷰를 읽었을 때 얼굴이 뜨끈해지는 것을 느꼈다. 그전까지 좋은 리뷰들만 보다가 이 리뷰를 봤을 때 내가 처음 느낀 감정은 불쾌감이었다. '얼마나 안다고 함부로 말하지?' 익명의 리뷰어에 대한 분노가 먼저 올라왔다.

하지만 그 불쾌감의 이면에는 다른 감정도 숨어 있었다. 그것은 어쩌면 인정하고 싶지 않았기에 애써 눌러 오던 불안감이었다. 사실은 나 역시 알고 있었다. 내가 책에 쓴 일하는 방식은 '서비스 기획'이라는 오랫동안 많은 사람들에게 구전되어 내려온 보편적인 형태이지만, 그만큼 진부했다. 분명 이미 주목받는 기업들에서는 이와 다른 방식으로 일하는 사람들이 '프로덕트 오너'라고 불리며 성과를 크게 내면서 성장하고 있다는 사실을 나도 알고 있었다. 아마도 저 리뷰어는 그 이야기를 하는 것 같았다.

　나의 첫 책이 발간되기 세 달 전쯤, 《프로덕트 오너》라는 책이 발간되었다. 프로덕트 오너는 쿠팡이나 실리콘밸리에서 사용되는 직무명으로 서비스 기획자라고 부르면서 일하는 내 업무와 유사하지만 좀 다른 방식으로 일하는 형태다. 이래저래 타인의 경험을 온라인상에서 들어 본 적이 있기에 두 직무가 유사하지만 다르다는 것에 대해서는 나도 어렴풋이 알고 있었다. 책을 마무리하던 단계였던 나는 《프로덕트 오너》를 읽으면서 서비스 기획자와 프로덕트 오너의 사전적 차이를 빠르게 정리해 내 책에 가볍게 명시했다. 하지만 솔직히 고백하자면 정확한 차이를 알 수가 없었다. 서비스 기획자로만 일해 온 내게는 다른 방식으로 일해 본 경험이 없었기 때문이다. 그저 막연하게 실리콘밸리의 방식은 약간 다르다는 수준으로밖에 알지 못했다. 글자로 배운 차이의 설명에 가장 불만족스럽던 사람은 다름 아닌 나였다. 모르는 것이 무엇인지 모르기 때문에, 리뷰어의 말에 쉽게 아무렇지 않은 척할 수 없었다.

변화 속에서 전문가를 꿈꾼다는 것은 나도 변화해야 한다는 의미

입사 후 첫 책을 출간하기까지 딱 10년. 신입으로 내 업무를 처음 시작하면서 내가 막연하게 꾸었던 꿈은 이 분야의 전문가가 되는 것이었다. 특정 업계의 전문가가 되어 책을 쓸 수 있는 사람은 나의 오랜 소망이었다. 하지만 책을 집필하는 내내 느낀 점이 있다. 하나의 업종, 하나의 직무에서 긴 시간 동안 일한다 해서 모두가 인정하는 전문가가 되는 것은 아니라는 점이었다.

나와 내가 있던 회사는 달라지지 않았는데, 전혀 다른 문화 그리고 전혀 다른 방식으로 일하는 동종 업계 경쟁자가 나타나서는 우리 업계를 뒤집어 버리는 상황. 그것은 어느 업계에서든 일어날 수 있는 일이지만 묵묵하게 한 가지 방식으로 전문성을 쌓아 올린 사람들에게는 최악의 상황이나 다름없었다.

시장에서 선두 주자로 불리던 기업이 후발 주자가 되어 버렸고, 새롭게 유행하는 키워드가 업계에 퍼졌다. 갑자기 뒤처지게 된 기업의 리더들은 더더욱 내부 직원들에게 성장을 이야기했다. 겉으로는 새로운 모습을 이야기하고 실제로는 제자리걸음을 하며 그 안의 직원들은 각자 자신의 전문성에 더 많은 물음표를 가지게 되는 상황. 모든 게 갑자기 변화한 환경과 질서가 힘없는 직장인에게 혼란스러움을 가져왔다. 신생 회사의 화력에 위협을 느끼는 회사가 직원들을 쪼아 댈수록, 오히려 회사의 발전에 대한 걱정보다는 나 자신에 대한 걱정이 늘어나고 있었다.

'난 과연 이 직무의 전문성을 가진 사람이 맞는 걸까?'

'나 계속 지금처럼 지내도 앞으로도 괜찮은 걸까?'

내가 모든 것을 안다고 착각하던 이 세계가, 사실은 전부가 아니었다는 불편한 진실. 그렇다면 일의 역량도 결국 내 경험의 틀 안에만 있는 반쪽짜리라는 것을 인정할 수밖에 없다고 생각하던 참이었다. 그런데 어렴풋하게 느꼈어도 애써 무시하고 있던 성장과 변화에 대한 '필요'가 저 리뷰 하나로 선명하게 떠올랐다.

'나는 과연 기획자로서 아무런 기반도 없는 환경에서도 커머스(commerce)를 만드는 일을 해낼 수 있을까?'

이 생각에 도달하자 방법은 단 하나뿐이었다. '내 세상을 넓힐 필요가 있겠구나.'

나는 우물 안 일잘러였다

내가 알고 있던 것이 전부가 아니었음을 깨달을 때 사람은 어떻게 반응할까. 짐 캐리 주연의 영화 〈트루먼 쇼〉는 내가 알던 세상이 모두 가짜로 만들어진 TV쇼라는 것을 알게 된 트루먼의 이야기를 다루고 있다. 트루먼은 자신의 세상이 가짜임을 의심하기 훨씬 전부터 자신의 삶이 굉장히 갑갑하게 틀에 갇혀 있다고 느끼고는 했다. 그래서 평소와 다른 길로도 가 보고 갑작스럽게 다른 행동을 해 보기도 했다. 그러다 모든 것이 안락한 가짜의 세상임을 인식한 순간, 트루먼에게 세상은 너무나도 좁고 이상하게 느껴진다. 마지막에 그가 떠나는 것을 주변 사람들에 대한 배신감으로 해석할 수도 있겠지만, 난 트루먼이 그 세상보다 실제 세상이 넓다는 것을 느꼈기에 떠날 수밖에 없었다고 생각한다.

내가 모든 것을 다 알고 잘 누리고 있다고 생각한 세상에서 다른 넓은 세상이 더 있다는 것을 인정하게 된 순간, 예전 그대로 살아가는 게 불가능해졌다. 최고는 아니더라도 적어도 '전문가'가 되고 싶었던 내 꿈에서 이미 이탈해 버린 느낌. 하지만 회사를 당장 뛰쳐나가기란 쉽지 않았다. 이미 익숙해진 조직에서 그간 해 오던 일을 그대로 하는 것이 나에게 쉬운 선택임은 분명했다. 이 회사에서 내게 어떤 식으로 일이 주어질지, 그리고 그 일을 어떻게 처리하면 적당한 마무리가 되는지 잘 아니까. 원론적인 성장에 대한 욕심 따윈 집어치우고 어떻게든 버텨서 진급을 하면서 사는 것도 괜찮을 수도 있었다.

하지만 10년 후 나의 모습을 머릿속에서 그려 보려고 하자 생각은 바뀌었다. 40대 중반의 내 모습을 상상하는데 조금도 설레지 않았다. 지금까지 10년 동안 쌓아 놓은 기술을 그대로 활용하면서 습관적으로 일하는 사람이 되어 있지 않을까. 익숙함이 역량이 되어 '아' 하면 '어!'만 하면서 일하고 있지 않을까. 내 직무와 조직의 목표와 일하는 형태와 이슈를 대처하는 방법까지 너무 잘 알아서 숨 쉬듯 자연스럽게 일하지만, 기존 역량을 재활용해서 소모만 하며 살고 있을 거라는 막연한 생각이 들었다. 이미 나의 세상은 작은 우물처럼 느껴졌다.

언젠가는 이런 날이 올 것이라고 어렴풋이 알고는 있었다. 하나의 직무에서 오랫동안 근속을 하게 되면 겉으로는 말할 수 없는 작은 고민을 하게 된다. 초등학교 동창인 유정이는 유명 게임사에서 나만큼 오래 근속을 한 친구다. 오랜만에 친구들과 만나 일과 삶에 대해서 두런두런 이야기를 나누던 중 그 친구에게서 나와 같은 불안을 마주했다. 일에 치여 바쁘게 살고 있고 좋은 평가를 받으며 승진도 잘 하고 있지만 회사 밖에서까지 '일잘러'라고 인정받을 수 있을까? 하는 공포였다.

직업적 역량을 어떻게 보여 줄 수 있을까? 기술직이나 운동선수와 달리 사무직 일은 어디까지가 개인의 역량이고 어디서부터가 환경과 운에 적용되는 영역인지 알기 어렵다. 특히 정량적인 지표로 평가받지 않는 대다수의 직무는 더더욱. 안에서는 그래도 사고 없이 주어진 일을 잘 해내는 자칭 '일잘러'였지만 혹시라도 다른 환경에서 내가 아무것도 못하는 보잘것없는 인간이 되면 어쩌나, 내가 가진 알량한 자존심이 회복조차 되지 못하면 어쩌나 하는 공포가 계속해서 피어났다. '일잘러'라는 그 이름을 놓치고 싶지 않았다.

그럼에도 언젠가는 자신의 역량을 의심하게 되는 날이 온다. 연차가 높아지면서 동료들과 대화를 나누다 보면 이 주제는 점심식사를 하다가도 차를 마시다가도 한 번쯤 입에 오르내렸다.

대기업이나 중견기업에서 일하는 지인들의 고민은 '순환 근무제'였다. 순환 근무제는 제네럴리스트(generalist)를 키워 내기 위한 대기업 공채가 흔히 겪는 시스템이다. 직무가 계속 순환되기 때문에 다양한 직무를 체험하며 회사 전반에 대해서 알아볼 수 있다는 것이 장점이다. 순환 근무제는 과거 관료제로서 부장만 되어도 일하지 않고 일을 시키기만 하던 시절의 조직 구성 방식에서 출발했다. 하지만 현실 속 10년 차과장, 차장 들은 오히려 순환 근무제 때문에 고민에 빠진다고 했다. 순환 근무제 덕에 여러 가지 일을 해 보긴 했지만, 한 가지 직무를 한 기간이 너무 짧아서 'ㅇㅇ 전문가'라고 말하기가 어렵다고 했다. 그래서 아예 이직 자체를 포기해 버리는 사람들도 많았다. 선택지가 없다고 했다. 완벽히 똑같은 동종 업계에서 다시 순환 근무를 하는 것이 아니라면 경력을 인정받기도 어렵다고 토로했다. 그런 상황에 이직은 세상을 넓혀야 하는 것이 목적이라면 굳이 할 필요가 없는 선택이다.

중소 스타트업에 다니는 지인들도 고민은 있었다. 외부의 기준 자체를 모르겠다고 말한다. 회사가 작다 보니 필요한 업무다 싶으면 이것저것 가리지 않고 다 할 때가 많은데, 대기업 면접에 가 그런 경험을 어필하니 역할을 상세하게 나누어 놓은 자신들의 환경에는 적합하지 않다고 말했다는 것이다. 상황이 이렇다 보니 대기업으로 이직을 하려 해도 전문성 문제가 불거질 때가 많고, 기어코 대기업 이직에 성공해서도 한계가 많은 조직의 형태 때문에 적응에 실패해 돌아왔다는 사람도 있었다.

어쩌면 어떤 길을 가든, 일을 좋아하고 일을 잘하고 싶은 사람들의 불안은 모두 같은 곳을 바라본다. '내가 속한 곳에서만 일잘러이고 더 넓은 세상에서는 그렇지 않으면 어쩌지?' 하는 생각. 이런 불안은 더 멀리 다른 세상이 있다는 것을 알게 됐을 때, 애써 다른 세상을 외면하게 만들기도 한다.

나는 2020년 그 리뷰를 만나기 전에 이미 몇 번이나 내가 사랑하는 이 직무의 세상이 여기가 전부가 아님을 눈치채고 있었다. 그래서 이 안에서 더 애를 쓰고 잘하려고 했고, 더 큰 프로젝트를 하려고 했고, 인정받고 싶었다. 하지만 그러면 그럴수록 나의 불안은 커져 갔다.

결국 나의 세상은 누군가 던진 돌멩이 같은 리뷰 하나에 세차게 흔들렸다. 나의 넓고 자유롭던 세상이 우물같이 좁게만 느껴졌고, 나는 오랜 서비스 기획자로서의 방식이 아닌 프로덕트 오너로서의 방식으로 일을 해야겠다고 생각했다. 그래야 우물 밖에서도 아니 그 어떤 곳에서도 내가 그렇게 되고 싶은 일잘러가 될 수 있을 것 같다는 막연한 생각이 들었다. 그리고 일을 해 보고 난 뒤, 저 리뷰어에게 당당하게 말하고 싶었다.

"무엇이 차이인지 겪어 보니 알겠어요. 이제 전 그 세계에서도 잘할 수 있습니다."

그렇게 우물 안을 나와 진짜 일잘러가 되기 위한 변화를 결심했다. 2020년 7월의 일이었다. 우직하게 10년 가까이 지낸 회사에서 나름 좋은 평가를 받으며 지냈지만, 책이 나온 지 고작 한 달 만에 이런 결정을 내리고 말았다.

누가 우물 안
일잘러를 만드나

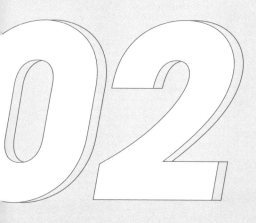

초년생의 꿈은 일잘러인가요?

'일잘러'란 '일을 잘하는 사람'이라는 뜻이다. 일을 잘한다는 특징에 사람을 나타내는 '-er'이 붙어 만들어진 근본 없는 신조어다. 그런데 이 용어는 누구나 가지고 있던 인정받고 싶은 욕구, 경쟁에서 이겨 내고 싶은 욕구, 그런 욕구들을 자극한다. 그래서인지 각종 직무 교육에서 강사를 일잘러라고 소개할 때나 청중에게 일잘러가 되고 싶냐고 물을 때 그렇게 마케팅 효과가 좋다고 한다. 하지만 솔직히 말해서 우리가 직업을 시작할 때 원했던 것이 정말 일잘러가 되는 것이었을까?

"도그냥 님은 처음에 서비스 기획자가 될 때 어떻게 시작하셨어요?"

종종 토크 콘서트 같은 곳에서 취준생에게 이런 질문을 받을 때가 있다. 아마 서비스 기획자가 되기까지의 거창한 준비 과정을 기대하며 질문했겠지만, 내 답변은 질문자의 기대를 충족시키지 못했을 것이다.

왜냐하면 대학교를 다닌 6년여의 시간(휴학 2년) 중에서 내가 이 직무의 존재를 안 것은 고작해야 마지막 6개월 정도에 지나지 않기 때문이다. 당시 서비스 기획자라는 직무는 유명하지도 않았다. 내가 취업 준비를 하던 2010년은 아이폰과 갤럭시S2가 유행하면서 UX*가 중요한 키워드로 등장하기 시작한 때였다. 시기에 맞물려 우연히 알게 된 정보에, 준비부터 시작까지 정말이지 우연한 기회에 하게 된 일이었다.

그럼 나는 취업 준비 기간을 어떻게 보냈을까? 솔직히 말해 이름이 알려진 대기업에 내가 뽑힐 것 같으면서도 막연히 재미있어 보이는 직무가 있으면 일단 원서 접수를 했었다. 특정 직무를 위한 자격증이나 대외 활동도 했지만 이건 그건 그냥 플러스알파를 위한 것일 뿐이지 기본적으로는 영어 자격증이나 봉사 활동 같은 보편적인 스펙을 쌓고 인적성 시험이나 면접 스터디를 준비했다. 특별해 보이지 않아서 실망스럽겠지만 그 당시는 대기업에 들어가는 것 자체를 목표로 하는 사람들이 훨씬 더 많았다. 정말 잘 맞는 직무를 갖게 되는 것은 신의 영역이나 다름없었다. 대기업에 입사해 직무를 선택한다는 것은 요즘에나 있는 이야기지 10여 년 전만 해도 HR(인사팀)에서 배정받기 나름이었다.

"1지망 직무에 가지 않아도 괜찮나요?"

●   User Experience. 사용자 경험의 줄임말로 사용성, 유용성, 감성을 총칭하는 단어.

취업 준비 시절 면접 강의를 들은 적이 있다. 그때 강사는 이 질문이 대기업 최종 합격 후 많이 들을 수 있는 질문이라고 했다. 덧붙여 합격이 제일 중요하기 때문에, 이 상황에서는 "어디서든 열심히 하겠다"고 이야기하는 게 상식이라고 설명했었다. 하기야 당시 공채 입사자들은 계열사 내에서는 업종이 달라도 지원했다. 1지망과 2지망이 기업도 직무도 다른 경우가 대부분이었다. 나의 경우도 마찬가지였다. 내 1지망은 서비스 기획 직무(당시 UX 기획팀)가 있던 이커머스(e-commerce) 계열사였지만, 2지망은 내 역량과는 전혀 상관도 없던 백화점이었다. 사실 백화점 계열사가 연봉도 더 높아서 경쟁률도 훨씬 높았다. 어차피 백화점으로 붙여 주지도 않았겠지만 지금 생각해 보면 안 붙여 줘서 얼마나 감사한지 모르겠다.

이커머스를 하는 회사에 입사해서도 마찬가지였다. OJT(On-the-Job-Training, 직장 내 교육 훈련)의 마지막 날, 1지망 직무에 가지 않아도 괜찮겠냐는 질문은 곳곳에서 들려왔다. 난 처음부터 원해서 인턴까지 했던 서비스 기획 직무에 발령이 났지만, 내 지인 중에는 인턴 때는 영업팀에 있었는데 정규직 전환 후에는 나와 같은 서비스 기획 직무로 발령이 난 케이스도 있었다. 영업과 서비스 기획이 얼마나 다른지에 대해서는 굳이 설명할 필요도 없다. 그렇게 시작했지만 다행히도 그 지인은 현재 굴지의 기업에서 서비스 기획 일을 계속 해 오고 있다. 여전히, 훌륭하게 말이다. 처음에는 모두에게 파격적인 결정이었지만 오히려 적성에 맞았으니 잘된 일이다. 그러나 이건 굉장히 운이 좋을 때의 이야기다. 내 일의 시작이 좌우되는 시점인데 이 무슨 운명론적 직무 배정인가.

그런데 이 운명의 힘은 굉장히 세다. 그나마 직무명이 팀에 붙어 있는 경우는 본인이 무슨 일을 하는 사람인지 알기라도 쉽다(예: ○○○팀 서비스 기획자). 팩트는 아직도 많은 사람들이 그냥 선배들이 했던 대로 일하거나 혹은 주어진 역할만 하다가 자신이 해 온 일이 어떤 직무구나를 나중에 아는 경우가 있다는 것이다. 내 책의 리뷰를 쓴 어떤 신입은 자신이 인턴 때 한 일이 무엇인지 당시에는 몰랐다가 내 책을 보고 나서야 그 일이 서비스 기획이라는 사실을 뒤늦게 알았다고 했다. 본인의 커리어패스(career path)를 모르지만 대기업 이름만 보고 입사해서 앞만 보고 달리는 상황. 안타깝지만 충분히 있는 일이다.

이런 상황에서도 내게 주어진 환경에서 센스 있게 일만 잘하면 '일잘러'가 될 수 있는 것일까? 누구나 처음에는 일잘러가 되기를 꿈꾼다. 조직과 HR이 그들의 직무를 운명으로 정해 줬고, 그래서 직무에 대해 프로테스탄트적인 소명 의식을 가져야 할 것만 같다. 그런데 내가 하는 일의 이름조차 모르고 그 직무의 근본과 본질을 모른다면 아무리 지금 잘하고 있다고 해도 그 한계는 명확할 수밖에 없다. 내 일의 본질을 알아야 회사의 맥락을 파악해서 환경에 맞게 자신의 직무를 변화시킬 수 있기 때문이다. 한 회사만 평생 다니다 퇴직할 게 아니라면 직장 생활을 통해서 직무 역량을 키워야 한다는 것쯤은 모두 알고 있다.

그저 회사의 습관대로, 내 경험에서 유효했던 방식 그대로 같은 환경에서 열심히만 하려다 보면 세상이 넓다는 것을 쉽게 잊어버린다. 일은 잘하는데 우물 안에만 머무는 '우물 안 일잘러'는 바로 이런 상황에서 탄생한다.

페이스북의 현인이라고 불리는 KT엔터프라이즈의 신수정 부문장(부사장)은 그의 저서 《일의 격》에서 피드백과 성장에 대해 이야기한다. 예술이나 스포츠 분야는 여러 분파가 나뉘어 랭킹이 매겨지는 냉정한 피드백과 평가에 익숙하고, 그를 통해서 개인의 실력도 냉정하게 인지할 기회가 많지만, 경영이나 직장인의 일은 대부분 그렇지 않다고 말한다. 물론 어느 회사에서든 피드백이나 평가를 받는다. 하지만 기준이 명확치 않기에 모두가 자신이 일을 기준보다 잘한다고 생각하고, 더 나아가서 평가나 연봉에 만족하지 못한다고 이야기한단다. 우물 안 일잘러가 탄생하는 순간이다. 동료들에게 면전에서 욕먹지 않는 이상 본인이 일을 못하는 것도 객관화하기는 어렵다. 한 예로 갑 노릇을 하는 회사에서 하청이나 파트너사에 갑질로만 목표 수치를 달성시켜 온 사람에게 일을 잘한다고 말할 수 있을까? 당사자는 그렇게 생각할 수 있다. 왜냐면 언제든 일은 해결되어 왔고 본인이 생각한 대로 움직였으니까. 특히 연차가 쌓이고 문제없는 기간이 길어질수록 자신이 그 일을 제일 잘 안다고 생각하게 된다.

나는 어떻게 우물 안 일잘러가 되었나

그럼 나는 어쩌다 우물 안 일잘러로 성장했을까. 갑질하는 회사에 다녔던 것도 아니고, 그렇다고 일을 안 했던 것도 아니다. 스스로 자부심이 생긴 데 근거는 있기 마련이다. 나도 신입 시절부터 칭찬 좀 받아 본 놈이었다. 우수 사원으로 상도 받아 봤고, 성과를 내기도 했다.

나는 한 회사에서 10년을 보냈다. 그 안에서 유독 칭찬받던 여러 친구들의 비슷한 성장 과정에 비추어 일잘러의 탄생 과정을 살펴보려 한다. 일잘러가 될 새싹들은 기본적으로 똑똑하고 눈치와 센스가 있다. 시킨 일의 구조나 본질을 파악하여 반복적인 업무들을 쉽게 정돈하고, 선배들이 만든 자료를 보고서 본인이 어떻게 해야 할지도 금방 파악한다. 선배들이 회의록을 주고받는 과정에서 팀 간 업무 분장도 눈치채고 어떤 식으로 조율을 해 나가는지도 알아낸다. 업무도 곧잘 흉내 내기 때문에 잘하는 것처럼 보이고 성과도 낸다. 주변에서 신입치고 잘한다고 칭찬도 듣는다. 여기까지가 '하수의 일잘러'다. 비슷하게 흉내를 잘 내지만 어떤 행동과 의사 결정의 이유까지는 모르는 상태다.

신입사원 때 종합몰 내에 유아동 전문관을 기획하는 업무를 한 적이 있다. 당시 협업하던 유아동팀의 팀장님이 신입 같지 않게 잘한다고 칭찬을 해 주서서 어린 맘에 굉장히 으쓱했다. 식사 시간에 숟가락을 들 때조차 흥이 나는 기분이었다. 사실 그 업무 직전에 위의 선배를 도와서 남성 전문관을 만들어 보았기에 기억을 더듬으며 흉내 내듯 일을 진행할 수 있었다. 특히 유아동 전문관의 메인에서 기획전으로 넘어가는 이미지 배너가 여러 개 있었는데, 이전에 영업팀과 마케팅팀을 모아 놓고 비슷한 회의를 한 적이 있었다. 그때의 경험을 바탕으로 똑같이 회의를 소집해 업무를 조율했다. 기획안 작성도 마찬가지였다. 선배들의 문서를 열람하며 내용을 베끼고 조합해 작성했다. 선배들에게 많이 묻고 많이 따라가려고 애썼다. 쉬운 일이라 해도 결과를 온전히 만들어 내는 것만으로도 칭찬을 들을 연차였다.

이 단계에서 조금 더 연차가 쌓이면 왜 이런 문제가 해결되는가에 대한 조직 내의 원리를 알아내기 시작한다. 이때가 바로 '중수의 일잘러'다. 중수가 되면 업무의 이유를 조금씩 알게 된다. 난 그쯤 됐을 때 기획전 배너 운영을 놓고 왜 두 팀이 논쟁해야만 했는지 알게 됐다. 당시 우리 회사의 마케팅팀은 모든 노출 영역을 통제해서 중요한 키워드로만 소구하고 싶어 했고, 영업팀은 고객에게 효율적으로 노출되는지 여부보다는 영역 구좌를 확보해서 셀러와의 소싱에 유리한 지점을 만들고 싶어 했다. 그래서 어디 한쪽의 손을 들어 주기보다는 두 팀이 논의해서 합의할 때까지 기다린 것이다.

중수의 일잘러에게는 직무 역량에서도 본인만의 프로토콜(protocol)이 생긴다. 주제어만 듣고도 뭐부터 할지 머릿속에 쫙 리스트가 만들어진다. '유아동관'이라는 키워드만 들어도 프로젝트를 수행하기 위해서 협업해야 하는 사람들 리스트와 일정이 머릿속에 그려진다. 이쯤 되면 성과도 제법 있어서 팀 내에서 에이스 소리를 듣기도 한다. 본인 직무에 가장 자신만만해질 시기이기도 하다. 이때쯤 나는 회사에서 매년 연말에 시상하는 최우수 직원상도 수상했다. 상장 사진을 찍어서 SNS에 올렸다. 시간과 에너지를 갈아서 얻은 소소한 결과들은 일잘러라는 자부심으로 쌓이고 있었다.

여기서 한 걸음 더 나아가면 회사 분위기를 보고 다음에 무슨 일이 시작될지 예측하는 '고수의 일잘러'가 된다. 예를 들면 해외 동종 업계의 성공 사례가 뉴스에 떴을 때 어떤 임원이 이에 관심을 가질지 그리고 어느 팀에서 누가 무슨 요청을 할지 먼저 예측한다든가, 11월 임원 평가 기간 전까지 뭘 해야 하고 어떤 업무에 힘을 덜 써야 할지도 알게 된다. 상사가 집착하는 부분에 대해서 알게 되고, 업무 강약을 조절할 수 있게 되면서 요령도 부리면서 일한다. 일복이 터지면 절대적 업무량은 많을지 몰라도 효율적으로 일하면서 좋은 평가와 좋은 프로젝트를 담당하며 팀 내 핵심 인재로 대접받는다. 연말에 개인 평가 S라도 받고 나면 회사가 곧 나 자신인 것처럼 느껴진다. 조직 내 힘의 역학도 잘 알기 때문에 친분과 신뢰를 자신에게 유리하게 활용할 줄도 안다.

이렇게만 보면 얼핏 괜찮아 보인다. 하지만 자칭 일잘러가 우물 안 일잘러로 남는 것은 한순간이다. 왜냐하면 스스로 일잘러라고 믿는 기준이 타인의 칭찬, 동료와의 친분과 익숙함에서 출발하기 때문이다. 현재 주어진 배경에 한정되어 있을 뿐이다. 내가 깨달은 직무의 노하우도, 본인이 만든 프로토콜도, 회사의 분위기를 보고 다음을 예측하는 것도 지금 회사와 유사한 환경에만 국한된 것일 수 있다. 아니 더 정확히는 지금 환경을 벗어나면 어디까지 통하고 어디서부터 통하지 않을지도 예상이 되지 않는다.

스스로 일잘러라고 믿는 근거는 내가 스스로 바꿀 수 없는 외부 요인 뿐이기에, 언제든 외부의 시선과 태도가 바뀐다면 일잘러가 아니게 될 수 있다. 누군가 한 명이 의도적으로 나쁜 평가를 한다거나 직장 생활 커뮤니티인 블라인드에 내 욕이라도 올라온다면 타칭의 일잘러는 끝난다. 그 기준은 내 직무의 본질에 머무르지 않기에 객관성이 없다.

우연히 잘 피해서 좋은 상황이 유지된다고 쳐도 변화가 없으면 젖은 낙엽처럼 멈추고 고인 물웅덩이에서 천천히 가라앉게 된다. 마침내 모든 환경이 익숙해질 때가 오고, 드디어 '우물 안 일잘러'의 모든 조건을 갖추게 된다.

우물 안 일잘러란 대체 무엇인가

우물 안 일잘러는 변화와 다름의 가능성 자체를 인정하지 않는다. 예를 들어 내가 겪었던 위의 유아동 전문관의 배너 운영 방식을 꼭 두 팀의 협의로만 정했어야 할까? 다른 회사에서는 배너 노출 구좌를 어떻게 정할까? 두 팀의 목표나 알력보다는 고객들의 실제 성향을 파악해서 기획에서 나눠 주거나, 아예 자동으로 노출시키는 방법도 있을 것이다. 하지만 우물 안의 일잘러는 다른 방식의 존재 자체를 상상하지 못한다. 왜냐하면 모든 생각의 원천이 자신이 겪어 온 회사 내의 경험과 학습에서만 기인했고, 그렇게 해 와도 잘한다는 소리를 들어 봤기 때문이다.

"그걸 서비스 기획팀이 왜 정해요? 그 회사는 마케팅팀도 없어요?"

내가 저연차였을 때 제3자의 입장에서 우물 안 일잘러를 본 적이 있다. 중소기업에서 이직한 분과 이 기업에서만 일해 온 어떤 선배가 회의를 하던 중이었다. 이직해 오신 분은 그의 경험을 이야기했고, 선배는 자신의 경험으로만 이야기했다. 대화는 매끄럽지 못했다. 서로 이해하지 못하는 문맥을 채우고 있는 감정은 우물 안 일잘러인 선배가 가지고 있던 오만함이었다.

그 선배의 경험에 대한 확신과 다르게 이 세상에는 다양한 회사가 있다. 어떤 팀이 어떻게 일해야 하고 어떤 롤을 해야 하는지는 고정적으로 정해져 있지 않다. 그저 회사 내의 합의에 따라 움직일 뿐이다. 자신이 속한 기업 내의 암묵지만 옳다고 생각하고 다른 곳에서도 그대로만 적용하려고 하면 통하지도 않고 대화가 불가능한 사람이 된다. 결국 그 회의에서 둘 다 감정이 상하고 정작 안건은 해결되지 않았다.

조직에 대한 이해뿐 아니라 직접적인 직무 역량에 있어서도 마찬가지다. 한번은 기존 기업에서 엄청난 직무 성과를 많이 올려 왔다고 자랑하는 기획자를 만난 적이 있다. 사내의 굵직한 서비스를 모두 본인이 만들었다고 했다. 아무리 생각해 봐도 그 기간 내에 혼자서 다 기획하고 프로젝트 실무까지 진행할 수는 없는 범위였다. 자세히 물어보니 외주에 발주하고 관리하는 역할만 했던 사람이었다. 물론 회사마다 업무의 범주는 다를 수 있다. 그 회사에서 필요한 기획자의 역량은 딱 거기까지였을 것이다. 하지만 그의 경력은 실무로서 직접 프로젝트를 수행할 수 있는 사람이 필요한 곳에서는 의미 없는 경력이 되고 만다. 자신이 일했던 회사의 기준이 아니라, 내가 하고 있는 이 직무의 커리어패스에서 필요한 수준을 올바로 정의하고 있었다면 어땠을까? 관계적 정의가 아닌, 스스로 객관적인 기준을 세워 자신의 현 상태에서 한계와 차이를 아는 것이 중요하다.

우물 안 일잘러의 가장 큰 문제는 고착화된 환경이 전부인 줄 아는 우매함에 있다. 개인적으로 영감을 많이 받는 몇몇 지인 중에서 누구나 이름만 들으면 알 만한 대기업을 뛰쳐나와 자신만의 길을 가고 있는 윤준탁 님과 록담 님이 계신다. 그 두 분은 시기도 상황도 완전히 다르지만 비슷한 맥락의 이야기를 했다. 윤준탁 님은 "계급장 떼고 일을 대할 필요가 있다"고 말했다. 대기업에 있을 때는 갖춰진 환경이 본인의 실력인 줄 착각하기 쉽다는 것이다. 록담 님은 "같은 회사 내에서도 외부의 상황에 따라 자신이 일잘러에서 갑자기 부적응자가 된 것처럼 느껴지는 순간이 있다"고 했다. 하지만 그는 "자신의 환경을 바꿀 수 있다면 역량의 본질을 펼칠 곳도 있다"고 이야기하며 일의 방식을 바꿔 나갔다.

내가 일하는 기업이 바뀌지 않고도 나를 둘러싼 환경은 언제든 변화할 수 있다. 만약 고착화된 환경을 벗어났을 때 나란 사람이 아무것도 아닌 존재처럼 느껴진다면, 이미 '우물 안 일잘러'가 되어 있는 건지도 모른다.

누가 우물 안 일잘러를 만들까?

그렇다면 누가 우물 안 일잘러를 만드는 것일까? 회사? 환경? 가장 큰 문제는 '이 우물의 일잘러'가 '모든 세상에서 일잘러'라고 믿는 것이다. 이 고정된 믿음이 자신의 경험을 무조건 옳다고 여기게 한다. 하지만 이런 생각만으로 우물 안 일잘러임을 깨닫기는 어렵다.

10년간 성장을 위해서 노력해 온 내 자신에게서 외부 변화에 대한 묘하게 이기적이고 모난 마음이 드러났을 때, 나는 내가 우물 안 일잘러임을 인정할 수밖에 없었다. 내가 느낀 우물은 '일하는 방식'의 우물이었고, 나는 다른 방식 역시 배워야만 한다고 생각하게 되었다. 그렇지 않으면 내 못난 마음이 자꾸만 커져서 나에게 걷잡을 수 없이 실망하게 될 것 같았다.

무기력과 열등감에서 벗어나기 위한 방법으로는 주어진 환경 내에서도 여러 가지가 있을 것이다. 하지만 당시의 나에게 그런 방법은 전혀 위안이 되지 않았다. 나는 이미 챌린지를 발견했고 도전하지 않는다면 쭉 우물에 갇힐 거라는 생각을 떨쳐 버릴 수가 없었다. 사실 가장 행복한 개구리는 우물 안이 세상 전부라고 믿는 개구리다. 우물 밖에 넓은 세상이 더 있다는 것을 알아 버린 개구리는 불행하다. 그때가 바로 스스로를 '우물 안 개구리'라고 인식하게 된 순간이니까.

나 역시 내가 '우물 안에서 편협한 경험을 가지고 부족하게 일하고 있구나'를 느껴 버린 순간, 마음이 타들어 가기 시작했다. 그 열등감을 어떻게 해결해야 나는 행복해질 수 있었을까? 열등감을 없애고 업무의 다름을 인지하며 마음의 평화를 얻는 것도 행복해지는 방법이겠지만, 나에게 제일 좋은 방법은 열등감을 그대로 들이받는 것이었다. 그래서 난 점프를 준비할 수밖에 없었다.

우물 안 일잘러의 위기

□
○

우물 안에 그대로 있어도 잘 살아남을 수 있지 않을까?

우물 밖으로 나가야 한다고 생각하기 시작했을 때, 스스로에게 이 같은 질문을 많이 했다.

체험해 보지 않은 시간을 견딜 수 없어서였을까? 아니다. 이건 '가지 않은 길'에 대한 억울함이라기보다는 내 지향점 때문이 더 크다. 난 지난 7여 년간 내 일과 직업을 설명하는 일들을 조금씩 해 왔다. 퍼스널 브랜딩의 목적이 있었다기보다는 그저 오랜 습관으로, 대학생 때 휴학 중의 경험을 블로그에 기록하면서 시작됐다. 수년간 습관처럼 경험을 기록하다 보니 자연스럽게 내 일과 직업도 글로 풀어내고 싶어졌고, 2016년 브런치에 글을 발행한 것을 시작으로 나는 서비스 기획자로서의 경험을 이야기하는 사람이 되었다. 난 기업의 임원도, CEO도 아니었고 대단한 성과를 낸 사람도 아니다. 하지만 평범한 사람으로서 내 직업을 이해하기 쉽게 설명하는 것은 내 오랜 소망이자 꿈이었다. 이것으로 성공을 바란 것도 아니다. 그저 경험한 것을 제대로 설명할 수 있는 사람이 되고 싶었다.

　물론 익숙하게 잘한다고 생각하는 쪽에 남는 것도 충분히 선택할 수 있는 옵션이다. 하지만 이런 생각이 들 때, 여러 인생 선배들의 조언을 들을 수 있었다. 잘 살아남아서 중간 관리자에서 더 상위 리더가 되건, 아니면 전혀 다른 방식으로 일을 다시 시작하건, 새로운 직무를 시작하건, 누구나 자신의 전부였던 우물 밖으로 나가야 하는 정도의 시간은 온다는 이야기였다. 그래서 나는 하고 싶은 대로 하기로 마음먹었다.

누구에게나 한 번은 오는 우물 속 깨달음

2022년 연 2회에 걸쳐 금융 대기업에서 7주간 〈서비스 기획 스쿨〉이라는 클래스를 진행했다. 전국의 지점에서 선발된 직원들은 무려 토요일 하루를 반납하고 강의를 들으러 서울로 올라왔다. 이런 대기업의 순환 보직은 영업을 하다가도 한순간에 전혀 다른 온라인 기획 부서로 갈 수도 있을 정도로 대중이 없다. 〈서비스 기획 스쿨〉 클래스는 지원한 사람들을 대상으로 언젠가 해야 할지 모르는 서비스 기획 직무에 대해 알려 주는 과정이었다. 이론을 설명하고 조별로 실습하는 시간도 가졌다.

　현재 나의 강의는 책 《현업 기획자 도그냥이 알려주는 서비스 기획 스쿨》을 쓸 때와 비교해 분명히 달라졌다. 우물을 빠져나와 더 확장하고 배워 왔기에 강의 역시 양쪽 이야기를 다 아우를 수 있다. 서비스 기획자로서의 방식과 프로덕트 오너로서의 방식을 그때그때 상황에 맞게 적용할 수 있다. 기업 대상 강의를 할 때는 그 회사의 일하는 방식을 먼저 듣고 그에 가장 적합한 방식으로 강의를 재구성한다. HR이 요구하는 바를 만족시키는 동시에 수강생들의 혼란을 줄이기 위해서다.

2022년에 강의했던 회사는 유명 금융 기업이지만 프로젝트는 외주에게 맡기고 기획자는 순환 보직인 경우가 대다수였다. 즉 지점에 있던 사람들이 순환 보직으로 본사로 건너온 것이다. 그래서 이 회사에서는 서비스 기획자와 외주가 함께 일하는 상황에서의 기획 방식에 대해서 설명하고 실습을 했다. 하지만 맞춤식으로 진행을 해도 강의 말미에는 꼭 그 회사와 다른 방식으로 일하는 회사에 대해서 간단하게라도 소개를 한다. 마지막 주에만 그 기업과 다른 방식으로 일하는 동종 업계의 사례를 소개했다. (프로덕트 오너 중심으로 개발자와 디자이너가 함께 애자일하게 일하는 토스의 방법을 간단히 소개하는 시간을 가졌다.) 그런데 내 강의를 들은 한 수강생이 종강 후 간단한 회식 자리에서 강의 후기라며 이런 이야기를 했다. 그는 이미 과장 위치에 있는 중간 관리자였다.

"말해 주신 스타트업이 일하는 방식 이야기요. 인상 깊고 좋은 이야기는 맞는데 우리 회사에서는 절대 불가능해요. 차라리 그런 것보다는 기획서 빨리 쓰는 스킬 같은 거 알려 주면 좋았겠다 생각했어요."

나보다 조금 더 나이가 많아 보였던 그는 취기가 오른 채 한껏 의기 양양한 표정으로 나에게 충고라며 한마디 더 덧붙였다.

"어차피 우린 순환 보직이라 일하는 방식이 확 바뀌기 전에 지점 다시 갈 거거든요. 이 직무만 엄청 잘하지 않아도 상관없어요. 강사님께 제가 특별히 말해 주는 거예요."

그에게서 오랜만에 '우물 안 일잘러'의 향기가 느껴졌다. 그의 말대로 그 회사에만 남는다면 다른 방식, 다른 생각을 배울 필요조차 없는 일일까? 이런 속마음을 전하진 못하고 웃고 말았지만, 마음속에는 이미 지나갔던 나의 고민의 결과로 수많은 말들이 떠올랐다.

물론 그는 10여 년의 세월 동안 기업 내 주어진 환경에서 충분히 제역할을 해 왔을 것이고, 그래서 기업의 고착화된 분위기나 조직의 문제를 누구보다도 잘 알고 있었을 거라고 생각한다. 바로 내가 그랬듯이! 수강생 중 유독 고연령임에도 7주라는 과정을 끈기 있게 참여했다는 점에서 그는 분명 더 많은 성장 욕구를 가진 명백한 일잘러였다. 그런데 왜 정작 변화의 가능성과 넓은 스펙트럼을 이야기할 때, 오히려 더 애써서 부정적인 말을 했을까?

난 그가 우물 밖 세상에 대한 관심을 일부러 접었다고 생각했다. 기업 안정성이 높은 기업일수록 그곳을 벗어날 생각을 할 필요가 없기 때문이다. 그 수업에서 만난 또 다른 대리급 수강생도 비슷한 발표를 한 적이 있다. 입사 초에는 열심히 일해서 더 좋은 기업으로 이직을 꿈꿨지만, 다닐수록 이직이라는 큰 용기를 낼 이유가 없다는 이야기였다.

평생직장이 사라진 시대의 우물 안 일잘러의 위기

킵고잉 작가님이 브런치에 연재하신 경험 기반 웹툰에서 〈개구리〉라는 편이 있다. 안정적인 직장이라는 냄비 속에서 개구리처럼 익어 가는 기분을 느꼈지만 밖으로 나갈 엄두도 내지 못했던 주인공. 그러나 더 오래된 선배도 딱히 행복해 보이지 않고, 그제야 밖으로 나가 볼까 싶었지만 이미 다리가 굳어져 뛰어나갈 수가 없었다는 이야기다. 이 글을 쓰다가 우연히 발견한 이 웹툰은 내가 하고 싶은 많은 이야기를 들려주고 있었다. 기업 안정성이 높을수록 우리는 우물 안에 있어도 좋겠다는 생각으로 자신의 다른 욕구를 내리누르기도 한다.

하지만 애써 우리가 좋게만 생각하던 우물이 사실은 한창 가열 중인 냄비일 수도 있다. 요즘에는 고용이 안전한 기업이 없어져 가는 추세이고, 은행 역시 마찬가지다. 깨달음이 너무 늦어지면 우물 안 일잘러의 미래는 어떻게 될까.

'평생직장'의 시대는 이미 오래전에 사라졌다. 과거 IMF를 극복하는 과정에서 수많은 기업이 문을 닫고 또 일부는 강제 합병되면서 우량한 기업들이 생겨났다. 이렇게 자리 잡은 대기업들은 공개 채용 형태로 직원을 뽑았다. 한 차례 폭풍이 지나간 덕에 그전보다 취업의 문은 좁아졌어도 노동자의 권리는 더 좋아졌다. 한국 사회는 쉽게 직원을 해고할 수 없는 사회가 되었다. 하지만 치열한 사내 경쟁에 정년을 채우기란 더 어려워졌다. 임원이 되지 못하면 자발적으로 50대 전후에 퇴직해서 자영업을 해야만 하는 사회가 되어 버렸다.

"모든 직업의 마지막에 치킨집이 있다"는 말을 한 번쯤 들어 봤을 것이다. 실제로 2024년 1월 OECD와 통계청 발표 자료에 따르면 2022년 기준 국내 근로자 중 자영업자 등 비임금근로자의 비중은 23.5%로 OECD에서 7등에 해당한다. 독일(8.7%), 일본(9.6%), 미국(6.6%)과 비교하면 굉장히 높은 수치다. 물론 기업이 너무 괜찮고 안정적이라면 어떻게든 팀장도 달고 임원도 되어서 살아남겠다는 생각을 하게 된다. '젖은 낙엽'처럼 어떻게든 딱 붙어 있겠다는 의지다.

2021년에 유행한 책 《서울 자가에 대기업 다니는 김 부장 이야기》에서 주인공인 김 부장은 이런 생각을 가진 일잘러 직장인 대다수의 결말이 어떻게 나는지 보여 준다. 과거 에이스였지만 임원 되기는 실패하고 사내 정치에 휘말려 퇴직당할까 눈치 보는 입장이 되고 만 것. 왜냐면 대기업은 굉장한 피라미드 형태이기 때문이다.

블라인드에서 많은 공감을 받았던 아싸이트 작가님이 쓰신 글 중에

〈잘나가던 과장들이 몰락하는 과정〉이란 글이 있다. 일잘러 과장들이 피라미드에서 살아남기 위해서 자신의 의견과 날카로움을 줄여 가는 모습을 잘 묘사한 글이다. 읽다 보면 마음이 짠해진다. 기업에서 생존만을 지향하면 일잘러라는 타이틀도 서서히 빛을 잃는다. 그나마도 끝까지 갈 때나 아름답다. 과연 우물 밖에서도 내가 가진 지식이나 능력이 통할까? 우물 안 일잘러로 살아남기를 선택해도, 계속 일잘러로 인정받으며 만족하면서 살아갈 수 있다는 보장은 없다.

심지어 최근에는 50세까지 회사에 남는 것도 쉬운 일이 아니게 되었다. 2023년 초부터 금융가와 유통사에서는 83년생(40세) 직원까지 희망퇴직을 받았고, 2022년 하반기부터 급격히 나빠진 투자 문제로 잘나가던 스타트업에서도 대거 해고 사태가 연일 일어나고 있다. 갑자기 해고당한 사람들의 블라인드 글이 화제가 되기도 했다. 꿈의 기업이라고 불리던 해외 기업에서도 수익이 나지 않는 사업부 단위로 아예 신사업 부문 자체를 통으로 해고시키기도 한다. 아마존, 구글, 메타(구. 페이스북)의 이야기다. CEO가 바뀌자 직원의 반 이상을 그대로 내보낸 회사도 있다. 이름까지 바뀐 트위터(현. X)의 이야기다. 이들이 일을 못했을까? 그 기업들의 안정성이 지금 우리의 회사보다 낮았을까?

이제는 어떤 일잘러라고 해도 언제든지 회사 밖으로 튕겨 나갈 수 있는 세상이 된 것뿐이다. 내 역량과 점프력이 고작 한 개의 우물 안에 맞춰져 있다면 나는 너무나 불안할 것 같다.

높은 연봉에 순환 보직으로 전문성이 필요하지 않음을 이야기했던 은행 과장님을 떠올려 보자. 그 우물 안 일잘러 과장님은 지금 회사에서 정년까지 계속 순환하며 어떻게든 일할 수 있을 거라는 믿음을 이야기했다. 물론 회사에 대한 믿음이 있다는 것은 건전한 일이다. 하지만 평가도 잘 받고 에이스로 대접받는다고 해도 결국 위기는 온다. 기업이 크면 클수록 비슷한 수준의 인재는 넘쳐 나고 내가 올라갈 수 있는 직급의 인원은 항상 지금보다 줄어들어 경쟁을 겪을 것이다. 그리고 환경적 요인에 의해서 지방의 지점이 더 줄어들거나 혹은 온라인 중심으로 서비스의 변화 또한 계속해서 일어날 것이다. 어느 순간 외주에 빨리 요구 사항을 전달하는 것만으로는 역량을 평가받지 못하는 시기가 분명 올 것이다. 그때가 되면 너무 늦다. 근본적인 직무에 대한 이해나 고민 없이 주어진 매뉴얼대로 수행만 해 온 사람을 경력직으로 받아 줄 가능성은 거의 없을 것이다. 너무나 쉽게 대체될 수 있기 때문이다. 특히 나이가 어린 사람에게 혹은 잘 만들어진 AI 시스템에 대체될 수 있다.

같은 일의 반복만으로도 대기업에서 동종 업계의 중견으로, 중견에서 중소로 내려가며 직급은 높이고 생명 연장도 가능했던 시기가 있다. 하지만 이런 과거의 논리는 언제 회사의 존폐와 승패가 갈릴지 알 수 없는 불확실의 시대에는 통하지 않는다. 40대에 퇴사를 한다면, 남은 인생은 60년이나 된다. 우물이 좁다는 것을 깨닫고 나가려는 고민을 하면서, 굉장히 중요한 근본적 질문 하나가 내면에 완전히 자리 잡았다.

"지금 내가 하는 일을 제대로 설명하고 프로세스화할 수 있을까? 과연 하루아침에 세상 밖으로 밀려난다면 내가 알고 있는 기업 내의 단편적 경험으로 무엇을 할 수 있을까?"

지금 또 다른 우물에서 세상을 키우고 있는 나에게도 이 질문은 여전히 유효하다. 결론적으로, 우물 안 일잘러로 남겠다고 선언해도 그 삶은 결코 안전하지 않다. 우물이라는 것을 이미 알아 버렸다면 어떻게든 우물을 빨리 벗어날 궁리를 해야 한다. 이는 결국 생존의 문제다. 더 넓은 세상을 헤엄칠 줄 알아야 오래 살아 나갈 수 있으니까.

우물 탈출을 방해하는 에고와의 싸움

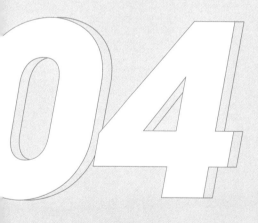

04

□
○

에고가 자라나는 순간

"업무 실력이 꼭 연차와 비례하진 않더라고요."

옅은 웃음과 함께 3년 차 친구의 입에서 이런 이야기가 나왔다. 이 친구는 누가 봐도 똑 부러지고 똑똑한 일잘러였다. 이 말은 맞는 말이다. 분명 직무에 있어서 연차와 실력은 비례하지 않는다. 그리고 어떤 경우는 초기 몇 년간 만들어 놓은 실력을 계속해서 반복 사용하면서 더 이상 크게 성장할 일이 없기도 하다. peter 작가님의 브런치 연재글 〈커리어의 결정적 시간들〉 중 하나에서 초기에 높이 쌓아 올린 경력과 역량을 바탕으로 이후 더 큰 발전 없이 기존의 것을 활용해 커리어를 이어 나가는 방법을 '글라이딩(gliding)'이라고 표현하는 것을 보았다. 성장을 놓고 사회적으로 눈치를 보면서도 대부분 글라이딩 방식으로 커리어를 유지하는 경우가 많기에 이 문장은 틀린 말은 아니다. 또 최근 '페이스북의 현인'으로 불리는 신수정 부사장님의 글에서도 연차에 따라서 꼭 실력이 결정되지 않으며 끊임없이 의도적인 성장으로의 노력이 필요하다고 이야기하기도 했다.

하지만 3년 차 직원에게서 "업무 실력이 연차와 비례하지 않는다"는 말을 듣는 순간 나는 '아차!' 싶었다. 왜냐하면 나는 그 친구가 한 말의 의미를 정확히 알고 있었기 때문이었다. 어떤 직무에서든 3년 차는 업무에 제법 익숙해지는 시점이다. 그리고 그 친구는 누가 봐도 일잘러였기에 3년간 굉장히 성장해 왔을 것이다. 문제는 그 말을 타인이 아닌 3년 차 본인이 했다는 점이다. 이 문장을 10년, 20년이 넘은 사람이 말할 때는 연차가 쌓여도 안주하지 말라는 조언이 될 수 있지만 3년 차 친구의 입에서 나올 때는 분명히 위험했다. 왜냐하면 내가 그맘때쯤 그런 생각을 많이 했었고, 지금 그때를 후회하기 때문이다. 후회하는 이유는 명확하다. 그 문장을 뱉는 순간 쓸데없는 것이 자라난다. 바로 '에고(Ego, 자아. 뒤에서 더 설명하겠다)'다.

서비스 기획에서 잘한다는 것은 뭘까?

서비스 기획 직무에서 '일을 잘한다'고 판단하는 것은 생각보다 쉽지 않다. 기획이라고 하면 사람들은 엄청난 리더십과 뛰어난 아이디어를 가지고 일을 한다고 착각하고, 또 성과로 금방 파악이 될 거라고 생각한다.

기획이라는 단어가 주는 이미지가 보통 그러하기 때문이다.

하지만 실제 업무 현장에서 기획을 하는 사람들은 계속해서 일의 아이덴티티에 대한 고민에 빠진다. 똑같이 온라인 서비스라는 뚜렷한 산출물을 만드는 프로젝트를 해 나가지만, 디자이너는 디자인을 하고 개발자는 개발을 한다는 관점에서 보면 기획의 역할은 그야말로 정의하기 나름이다. 흔히 '커피 타는 것 빼고는 다 한다'는 농담이 나올 정도로 프로젝트를 진행하는 과정에서 필요한 모든 일을 다 해야 하는 경우도 있다.

단지 아이디어만 내거나 멋지게 문서를 잘 쓴다거나 어떤 방향의 서비스를 만들자고 이야기하는 것이 끝이 아니다. 프로젝트를 통해 진짜 의미 있는 서비스를 만들어 내기 위해서는 수많은 커뮤니케이션과 수많은 선택의 과정이 필요하고, 이때 유연하게 생각하고 파악하고 판단할 줄 알아야 한다. 수많은 사무직이 그렇듯 자신의 역량을 정량화해서 파악하기도 어렵고 타인의 역량도 정량화해서 평가하기가 쉽지 않다.

서비스의 성과나 성공? 이건 더 어려운 이야기다. 대부분의 기업 보도자료에서는 모든 서비스를 성공적으로 묘사할 때가 많다. 하지만 그게 객관적이고 정말 명확한 성공이냐를 묻기에 어려운 경우도 많다. 이것은 서비스가 얼마나 대성공했는지와는 완전히 다른 결의 문제다. 흔히 서비스 기획자나 프로덕트 매니저(Product Manager, 줄여서 PM), 프로덕트 오너라고 불리는 이 직군이 멋진 서비스를 대성공시키는 이미지가 강하다 보니 착각하기 쉽지만, 모두가 세상을 바꿀 새로운 서비스를 만드는 것은 아니다. 어떤 사람에게는 현재의 서비스를 더 강화시키는 것이 목표일 수도 있고, 어떤 사람에게는 서비스를 안전하게 마무리하고 접는 것이 주어진 미션일 수도 있다. 모든 서비스는 흥망성쇠의 프로덕트 라이프 사이클(PLC : Product Life Cycle)을 따라가게 되어 있고, 그 시점에 따른 합리적인 선택과 행동이 필요하다. 기획자는 조직 내에서 자기에게 주어진 목표와 제약 사항이 천차만별인 상태로 일을 하게 된다.

그렇다고 특정 기업이 크게 성장했으니까 그 기업에 속한 기획자들이 모두 대단하냐고 묻는다면, 그건 서울대 법대에 다니는 모든 사람이 쉽게 판사가 될 수 있냐고 묻는 것과 비슷한 이야기일 것이다. 서비스의 성공이나 기업의 성장에 대한 기여가 명백하다면 분명히 그 사람의 실력이겠지만, 그렇지 않더라도 일을 잘하는 사람은 있을 수 있다. 결과적인 엄청난 성과만이 사람의 실력을 의미한다면 직무자 중 실력 있는 사람은 몇 명이나 될까. 우주 안의 먼지처럼 작게 느껴지는 그런 극단적인 객관적 시선으로 자신을 바라보는 사람은 극히 드물 것이다.

그래서 어떤 기획자가 일을 잘하냐는 질문을 받았을 때, 대부분은 암암리에 기획자의 경험의 양이나 고민의 양을 본다. 똑같은 일을 해도 얼마나 효율적이고 열정적으로 그 일에 집중할 수 있는지를 고려해 평가한다. 연차가 길어도 경험이 매번 비슷하고 고민의 깊이가 깊지 않다면 실력이 별로라고 평가받을 것이다. 반면 연차가 짧아도 무조건 해내야 하는 환경 속에서 어떻게든 해내려고 깊게 고민한 사람이라면 역량이 높다고 평가받을 것이다.

눈치 빠른 독자라면 이미 파악했을 것이다. 평가와 평판은 어쩌면 진짜 역량이나 실력을 제대로 보여 주지 못할 수도 있다. 게다가 그게 이미 내가 있는 우물 속에 있는 사람들끼리의 비교라면 더더욱.

지나친 에고가 위험한 이유

게임을 해 보면 보통 튜토리얼(tutorial, 게임 진행을 위해 필요한 기본 정보를 플레이어에게 이해시키고 게임에 몰입하게 하기 위한 도구)과 낮은 레벨의 스테이지에서는 쉽게 승급된다. 레벨이 높아질수록 스테이지의 난도가 높아지고 만나는 적도 어려워진다. 하지만 이미 레벨이 어느 정도 높아졌는데도 중요한 미션을 하지 않고 초기에 잡던 몹(mob, 게임 속 캐릭터의 하나로, 단순히 공격의 대상이거나 점수를 올리기 위해 공격하는 상대 캐릭터)만 잡거나 간단한 미션한 수행한다면 어떻게 될까. 게임 연차는 높아져도 레벨은 전혀 오르지 않게 된다.

이런 상황에서 스테이지만 지나쳐도 레벨이 쉽게 오르는 뉴비(newbie)들이 위의 사람들을 만나면 속으로 흉을 볼 수도 있다. "열심히 하면 레벨이 오를 텐데"라든가 "게임 연차가 레벨과 비례하지는 않더라고요"라고 말할 수 있을 것이다. 그런데 이 뉴비들이 모르는 사실이 있다.

이 게임에는 더 높고 중요한 미션 자체가 없을 수도 있고, 더 높고 중요한 미션이 무엇인지 명확하게 알려 주는 사람이 없을 수도 있다는 점이다.

연차와 실력이 정비례하진 않는다는 생각을 모든 면에서 아직 미숙한 저연차 시절에 하고 있다면, 자신이 그런 생각을 한 이유가 무엇인지 제대로 고민해 볼 필요가 있다. 본인 스스로 일을 잘한다고 생각하거나, 자신보다 연차가 훨씬 높은 누군가가 기대한 것보다 일을 잘하지 못한다고 쉽게 자기 기준으로 평가하고 있는지도 모르니까. 이 모습은 '우물 안 일잘러'가 가진 비대해진 자아, '에고'의 시작이다.

우물 안 일잘러의 에고

에고란 원래 자기 자신을 뜻하는 라틴어지만 보통 프로이트의 해석에서 유래된 '자기 자신의 모습'인 '방어'에 대한 이미지로 설명된다. 나는 이 개념을 자부심, 자존감을 넘어서는 '비대해진 자아'로 사용한다.

최근 재밌게 읽은 책 《에고라는 적》에서도 비슷한 이미지로 에고를 설명한다. 이 책의 저자 라이언 홀리데이는 비대해진 자아, 즉 에고가 성장을 더 방해할 수 있음을 강조한다. 그의 표현을 빌리자면 에고는 자기 자신을 중요하고 대단한 존재로 믿게 하고, 누구보다 내가 더 잘해야 하고, 보다 더 많이 알고, 더 많이 인정받아야 한다는 잘못된 생각에 빠지게 만든다고 설명한다. 올바른 선택을 못 하고 타인의 인정을 받기 위한 욕망에 빠져드는 이유가 바로 이 때문이라고 말이다. 내가 이야기하고 있는 '우물 안 일잘러'가 되는 가장 큰 이유도 다름 아닌 자신의 경험 속에서 비대해진 자아 때문이다.

고백하자면 나도 3년 차쯤 되었을 때 '연차가 실력과 일치하지 않는다'는 생각을 많이 했었다. 저런 말을 하고 다닐 무렵에 나는 꽤 자신만만했다. 돌이켜 보건대 그 시절이야말로 내 직장 생활에서 가장 꼴 보기싫은 때였다. 회사에서 최우수 직원상을 받은 것이 바로 3년 차쯤이었는데 당시에 나는 연차에 맞지 않게 많은 일을 감당하고 있다는 칭찬의 소리와 스스로 해낸 산출물들에 무척 취해 있었다. 이 와중에 상까지 받았으니 나의 에고가 비대해질 대로 비대해진 것이다. 그 커진 에고에 취해 당연히 나보다 경험이 부족했을 후배의 업무를 두고 조언이 아닌 지적질을 했었다. '이 친구들은 왜 고민을 적게 하지' 같은, 다른 기획자의 고민의 깊이를 감히 평가하는 식의 행동도 했다. 나보다 열 살도 더 많은 외주 개발자들과 일하면서 테스트 중에 오류가 나오자 '정책도 이해 못 하면서 개발은 어떻게 했냐'며 화를 내고 감정적인 태도를 보인 시기기도 했다. 내가 주어진 일을 훌륭하게 잘 해내고 있다고 생각하고, 이를 타인도 잘 알아주길 바라던 시기였다. 나에게 독이 되는 시기였다. 지금 생각하면 어리고 건방진 나 자신의 뒤통수를 한 대 갈겨 주고 싶다.

여기저기 수많은 기획자들을 만나다 보면 '나는 일을 잘 못하는 것 같아요'라고 스스로를 한탄하고 자신 없어 하는 사람들을 많이 보게 된다. 그들은 솔직하게 자신의 약점을 이야기하고 성장할 방법을 찾고 또 유연하게 행동한다. 거친 피드백에 멘탈이 바사삭 부서질 수는 있더라도 자신의 부족함을 찾아내는 사람의 성장력은 굉장히 건강하다.

문제는 도리어 자신감만 넘칠 때 있다. 라이언 홀리데이가 말했던 것처럼 자신이 하는 무언가가 굉장히 옳다고 여겨질 때, 사람의 시야는 굉장히 좁아진다. 자신의 일에 열의를 다하며 빠르게 성장한 사람이 '이제 더 배울 것이 없다'고 생각하는 순간, 성장은 거기서 멈추고 일은 재미가 없어진다. 그리고 나면 눈앞에 있는 일의 깊이와 이면을 바라보지 못하고, 더 멋지고 훌륭하고 화려한 무언가만 찾게 된다. 그때의 나는 '퇴근'과 '주말'만을 기다리며 스스로 일을 매일매일 잘 쳐내는 중이라고 생각했다. 그야말로 '쳐내고 있었기에' 일에 대해서 아예 다르게 바라볼 수 있다는 사실 자체를 알지 못했고, 본인만 옳다고 생각했었다. 중력의 영향을 받지 않는 풍선처럼 자아가 부풀어서 붕붕 떠오르기만 했던 시기였다.

그래도 당시 나의 에고가 풍선처럼 부풀다 터지기 전에 막을 수 있었던 것은 비자발적인 '작은 우물 탈출'이 있기에 가능했다. 나는 3년 차에 사내에서 전혀 다른 서비스로 이동하게 됐고, 다시 습득하기 위해서 애쓰는 시간을 가질 수 있었다. 새로운 환경에서 어느 정도 다시 중력 값을 적용받으면서 일했다. 부족함을 느끼고, 배울 것을 찾고, 주변인들의 훌륭함을 다시 보게 되는 시간이었다.

주변 모두가 바보같이 느껴진다면, 우물을 나가야 할 때다

우물 탈출이 꼭 이직을 뜻하는 것은 아니다. 이직이 아니라도 환경을 바꿀 수 있다면 그때의 나처럼 다시 제정신을 차릴 수 있다. 하지만 10년 차의 우물 탈출은 상황이 달랐다. 내게는 일해 보지 않은 방식으로 일하겠다는 목표가 있었다. 그렇게 하기 위해 제일 쉬운 방법을 찾아야 했다. 사내에서 확장해 볼 수 있는 기회나 여건이 있었다면 좋았겠지만 쉽지 않았다. (물론 이런 사례도 있다. 뒤에서 다루겠다.) 내가 환경을 바꾸려는 기로에서 고민할 때, 없어진 줄 알았던 '비대한 자아'가 다시 내 가슴을 비집고 올라오는 것을 느꼈다.

'내가 다시 신입처럼 일을 배워 나가야 할까? 프로덕트 오너는 처음인데.'

신입사원 시절, 두 달 정도 일을 익히기 위해서 출근 시간인 9시보다 훨씬 이른 아침 7시 반까지 회사를 나갔었다. 업무 시간에는 일하느라 바쁘니 더 공부해 두기 위해서는 따로 시간을 낼 수밖에 없었다. 아침 일찍 출근해서 서비스에 대한 정책 문서와 선배 기획자들이 만들었던 기획 문서들을 읽으면서 머리에 하나라도 더 집어넣으려고 애썼다. 약속 시간에 너무 딱 맞춰서 가려다가 5분씩 늦고 마는 나 같은 인간에게 그 시절은 집념과 도파민 그 자체였다. 그렇게 난 회사 시스템에 대해서 하나라도 더 알아내는 것에 몰입했다. 주말에도 출근해 공부할 정도였다. 그런 시간이 있었기에 성장할 수 있었지만, 반대로 3년 차의 자만심도 따라왔다. 그렇게 또다시 7년이 흘렀다. 나는 어렵고 새로운 과제를 하면서 계속 성장했고 과거보단 조금 더 겸손해졌다. 그럼에도 일하는 방식이 같았기에 내 안에는 없어지지 않은 에고가 남아 있었다.

이제 새로운 환경에서 새롭게 일하는 방식을 배우자고 결심을 하고 나니 불안감이 불쑥 튀어 올랐다. 낯설고 불안했다. 요리를 제법 하는 셰프가 다른 나라의 식당에서 다시 접시닦이부터 시작하는 기분이었다. 게다가 내가 시도해 보려고 하는 프로덕트 오너라는 직무는 실리콘밸리에 있는 빅테크 기업들의 방식을 따라가고자 하는 많은 스타트업이 주로 하던 방식이었다. 소위 대기업에 오래 다니던 사람들이 스타트업에 처음 가려고 할 때 많이 생각한다던 질문들이 머릿속에 떠올랐다.

'그래도 내가 여기서 했던 역할들이 있는데, 사이즈 큰 역할을 받을 수 있을까?'

'대기업에서 스타트업으로 간다면 그래도 팀장은 달고 가야 하는 것 아닌가?'

'내가 연차가 얼마인데.'

'내가 가서 인정받을 수 있을까?'

우물을 탈출하는 이유가 장기간의 생존을 위해서임에도 머릿속에서 저런 질문들이 떠오른 건 남아 있던 에고 때문이었다. 3년여의 시간이 지나고 나서 다시 생각해 보면 이때의 나 역시 뒤통수를 세게 갈겨 주고 싶다. 알량한 자존심을 지키기 위해서 더 큰 무언가를 시도하지 못했던 과거의 나를 떠올려 보니, 우물 탈출을 위해서 가장 먼저 싸워야 하는 존재는 바로 나 자신임을 느낄 수 있었다.

하지만 주어지지도 않은 기회를 두고 자존심을 따질 때가 아니었다. 왜냐하면 내가 가고 싶다고 해서 모두 갈 수 있는 상황이 아니라는 지독한 진실이 나를 기다리고 있었기 때문이다. 객관적인 현실은 붕붕 떠다니는 에고를 끌고 와서 땅바닥에 내려놓았다. 나는 내가 서 있는 곳이 어디인지를 다시금 인지해야 했다.

터부시하는
부정적 감정이
성장을 만들어 낼 때

□
○

열등감과 배신감 : 우물 탈출의 원동력

우물을 벗어나겠다는 게 단순히 다니던 회사가 좁아서 더 좋은 회사로
이직하겠다는 뜻은 아니었다. 내게는 '비전(vision)은 셀프(self)다'라는 회
사 생활에 대한 신념이 있다. 어떤 사람들은 회사가 개인의 성장을 이
끌지 못하는 건 회사가 비전을 제시하지 못하기 때문이라고 생각한다.
하지만 회사는 개인의 성장에 대해 인도적 책임은 있을지 몰라도 계약
된 명시적인 책임은 없다. 돈을 주고 개인의 노동력을 사들여서 회사를
운영할 뿐이다. 돈을 주는 사람이 성장까지 책임질 의무는 없다.

이 명제를 절실하게 체감했던 적이 있다. 2018년, 회사에 다니며 학
업을 병행하려던 때다. 당시 나는 온라인 대학원 IT 정보학 석사과정에
입학했다. 대학원에서는 회사 HR을 통해 제휴 기업이라는 도장만 받아
오면 등록금을 30% 할인해 준다고 했다. 회사가 학교에 기부금을 낸다
거나 약속을 하는 것도 없었기에 HR에서는 적극적으로 응원하며 내부
기안을 상신해 주었다. 하지만 최종적으로 부문장 결재가 통과되지 못했

다. 그 이유가 당시의 나에게는 굉장히 충격적이었다. 부문장은 내가 대학원 공부를 하면 회사 일에 소홀해질 수 있다고 생각해 결재를 반려한 것이었다. 나는 억울했다. 대학원 공부도 내 직무를 더 잘하기 위한 기반이 되는 공부라고 생각했기 때문이다. 끝내 학비 할인을 받지 못한 나는 더 이를 악물고 공부해서 일부 장학금을 받으며 석사를 마쳤다. 내 역량을 키우는 것은 철저하게 내 몫임을 실감한 순간이었다.

물론, 이 에피소드의 부문장 의견은 특정 인물의 사견이다. 하지만 그와 같이 생각하는 기업은 어디에나 더 있을 수 있다. 기업은 직원의 현 상황에 해당하는 노동력 값을 지불했기에 직원 개개인이 더 성장하는 것을 꼭 필요로 하진 않을 수 있다. 신입사원을 교육시켜서 회사의 장기적인 일꾼으로 키우는 사고방식은 수많은 공채 시스템의 중단과 함께 이미 구시대의 산물이 되었다. 이제 회사는 이미 역량을 가진 사람에게 걸맞은 비용을 내고 노동력을 사려고 한다. 경력 없는 취준생에게는 슬픈 세상이지만, 사내에서 일하면서 성장하는 것을 당연하게 생각했던 사람들에게도 역시 슬픈 상황이다. 그 임원과 나는 서로 배신감을 느꼈다.

회사가 아무리 잘나가고 가파르게 성장한다고 한들 개인의 역량을 반복적으로 소모시키고만 있다고 느낀다면, 연차가 쌓인다고 해도 개인에 대한 평가나 성장은 정체될 수 있다. 물론 회사는 개인 역량을 소모시키는 것이 디폴트다. 다만 그 과정에서 개인은 스스로의 성장 포인트를 찾아내서 집중해야 한다. 그게 바로 회사와 무관한 셀프 비전이라고 생각한다.

헬스장에서 어느 정도 중량을 들어 올리는 걸 흔히 '무게를 친다'고 말한다. 우리는 무거운 헬스 기구를 들었다 내리는 일을 반복한다. 하지만 똑같이 무거운 물건을 들면서도 특정 근육을 어떻게 쓰고 힘을 어떻게 주느냐에 따라서 근육의 성장은 달라진다. 일 역시 마찬가지다. 본인만의 셀프 비전이 있다면 똑같이 역량을 소모하는 과정에서도 내가 키워야 하는 근육에 신경을 쓰고 일할 수 있다.

그러니 우물 안 일잘러에서 탈출한다는 말이 꼭 이직만을 이야기하는 것은 아니다. 거만해진 에고와 기존의 틀을 깨자는 것이다. 습관적으로 일을 쳐내는 것을 그만두자는 얘기다. 지금 일하는 방식이 아닌 다양한 방식으로 일을 해 보면서 이 직무의 역할과 원리, 프로세스에 대해서 스스로 정의 내릴 수 있는 사람이 되는 게 중요하다. 이것이야말로 회사가 책임져 주지 않는 개인의 비전, 나의 셀프 비전이다.

왜 그렇게 스스로의 가치를 있는 그대로 사랑하지 못하고 괴로워하는가를 이상하게 생각하는 사람들도 분명 있을 것이다. 하지만 모든 사람이 희열과 열정에 넘쳐서 성장을 추구하진 않는다. 나와는 다른 곳을 보고 열등감을 인정하는 데서 변화가 시작되기도 한다. 열등감을 느끼고 있다면 잘하고 싶은 거고, 더 성장하고 싶은 거니까. 이 마음을 온전히 인정하는 것은, 내가 성장을 향해 걸어갈 때 괴로움이 생기더라도 참을 수 있게 해 준다. 누군가는 열등감에 괴로워하다 그것을 자연스럽게 받아들이면서 성장을 향해 몸을 움직이기도 한다.

애사심이 아니라 이기심 : 일에 최선을 다할 수 있는 이유

10년을 몸담은 회사에서 내가 자주 들었던 말은 "미준 님은 애사심이 있는 것 같아"라는 말이었다. 하지만 내가 긴 기간을 한 회사에 다니고 이직하지 않았던 것은 역설적이게도 나의 셀프 비전 때문이었다.

회사만 놓고 생각했을 때, 회사 네임밸류에 대한 불안이 없었다면 그건 거짓말이다. 매번 빅테크 회사의 사람들을 보면 나도 모르게 쪼그라드는 기분을 느낄 때가 많았다. 그럼에도 회사에 남았던 건 내게 기회가 주어졌기 때문이었다. 내가 겪을 수 있는 다양한 경험의 기회가 계속해서 주어졌고, 열심히 하는 과정 자체가 나에게는 성장의 기회였다.

나는 이커머스를 잘하는 기획자가 되고 싶었는데 마침 내가 다닌 회사는 유통 계열사가 많아서 일단 접할 수 있는 이커머스의 범주와 형태가 굉장히 다양했다. 그리고 주기적으로 신규 구축 프로젝트를 많이 했다. 그 덕에 나는 운이 좋게도 이커머스 구석구석의 여러 모듈을 기획하는 일을 하면서 계속해서 지식을 쌓으며 성장할 수 있었다. 나의 노동력을 활용해서 회사를 업계 내 1등으로 올릴 만큼 훌륭한 비즈니스를 만들어 내진 못했지만, 이커머스 서비스 기획에 있어서 필요한 정책이나 고려 요소를 실컷 고민할 기회를 얻었다. 내 연차에 갖기 힘든 경험을 아카데미 다니듯 두루 익힐 수 있던 셈이다. 물론 그 과정이 쉽지는 않았다. 신규 사이트 구축이나 리뉴얼 등 큰 프로젝트가 끝나고 나면 경력직으로 왔던 많은 선배들이 우르르 퇴사를 선택했다. 그러면 나는 선배들이 만들어 놓은 서비스를 인수인계받고, 내가 기획했던 서비스는 신입에게 넘겨줘야 했다. 일정 기간 회사에서는 경력직 직원 대신 신입만을 뽑았고, 그 때문에 내게는 굉장히 부담스러운 시간이 이어졌다. 팀장님은 "네가 사원이지만 사고 치면 안 된다"는 말을 했었다.

내가 그런 고생스러운 상황에서도 계속 회사에 남았던 이유는 뭘까? 회사를 위한 아름다운 애사심이라기보단 이기심으로 그 자리를 버텼다고 말하는 게 솔직한 표현일지 모른다. 당시 내가 가장 중요하게 생각했던 부분은 우리 회사가 1등이 되진 않더라도 경험을 통해 얻는 지식이 나의 비전에 도움이 될 것이라는 점이었다. 일종의 챌린지였던 셈이다. 누군가는 그런 내 모습을 주어진 일에 최선을 다하는 애사심이라고 봤을 뿐이다. 난 그런 식으로 이커머스 서비스 내에서 전시, 배송, 클레임, 정산, 주문결제, 상품, 앱 등을 순서대로 마치 대학병원에서 인턴을 돌듯 경험하며 연차에 비해서 다양한 업무를 체험해 볼 수 있었다. 물론 다음 기회가 오려면 적당히 해서는 안 되겠지만, 내가 개인의 힘으로 회사를 아마존 같은 기업으로 만들지 못했다고 해서 날 비난할 사람은 없었다.

스타트업 커리어 전환을 돕는 스타트업인 '조인스타트업'의 장영화 대표님은 저서《커리어 피보팅》에서 개인이 기업에 다니는 것을 '아카데미'처럼 생각해야 되는 시대라고 이야기했다. 내가 회사에 가지고 있던 감정은 딱 그랬다. 그러다 더 이상 회사 내에서 성장하고 변화할 방법을 찾지 못하게 됐을 때, 나는 새롭게 기회를 얻으며 성장할 수 있는 곳을 찾아 이직하기로 결심했다.

거슬림과 짜증 : 핏(fit), 그놈의 핏

이직을 마음먹었을 때, 어디로 가야 내가 겪어 보지 못한 모습으로 일할 수 있을지부터 고민했다. 나의 우물 탈출을 시작하게 만든 문제의 책 리뷰가 지목한 '크로스펑셔널팀' 형태로 일하는 회사는, 유명한 국내 회사 중 두 곳이 있었다. 관심을 가지고 찾아보던 중에 문득 한 가지 사실이 떠올랐다. '내가 아는 우리 회사 출신 중 저 두 곳에 간 사람이 없네?'

그랬다. 일을 잘하고 못하고를 떠나 내가 아는 사람 중에 정말 단 한 명도 없었다. 여타의 빅테크 기업으로 정말 많이 갔지만, 희한하게도 거기에만 없었다. 내가 해 보고 싶은, 그 다른 일하는 방식을 지닌 기업들에만.

"프로덕트 오너로 일하는 회사에는 지원 안 했어?"

나는 이직에 성공한 옛 동료들에게 물어보기 시작했다. 대부분 지원했는데, 서류에서 떨어진 사람도, 면접까지 가서 떨어진 사람도 있었다.

그런데 면접에서 떨어진 이들은 하나같이 면접관과 '핏(Fit)'이 맞지 않다는 것이 느껴졌다고 말했다. 그게 바로 탈락 이유였다. 대체 그놈의 '핏'이 무엇일까?

책 리뷰에 충격을 받기 전부터 서비스 기획자의 새로운 방식으로 프로덕트 오너가 떠오른다는 사실을 알고 있었다. 하지만 당시 내가 일하던 방식인 서비스 기획자와 스타트업의 프로덕트 오너의 차이에 대한 내 지식은 피상적이었다. 프로덕트 매니지먼트의 개념서라고 불리는《인스파이어드》와 국내 프로덕트 오너의 정의를 퍼뜨린 기업인 쿠팡의 김성한 님이 쓴《프로덕트 오너》라는 책을 읽으면서 차이를 이해하려 했었지만, 사실 똑 부러지게 이해되지 않았다. 나는 토마토케첩인데 그 사람들은 토마토퓨레 같았다. 토마토로 만드는 소스라는 점에서 둘은 비슷하지만 그 제작 방식도 용도도 약간 다르다. 프로덕트 오너로 일하는 방식이 더 트렌디하다는 것을 알고 있어도, 이미 고착화된 프로토콜을 가진 나의 시각을 바꾸지 않고는 그 차이를 구분하기 어려웠다. 토마토퓨레를 보고서도 토마토케첩과 무엇이 다르냐고 말했다. 업무의 결과가 유사했기에 생각과 프로세스의 차이를 구분하는 것은 글만으로는 어려웠다. 비슷해 보이는 것을 다르다고 말하는 것이 한편으로는 짜증 났다.

익숙해진 프로토콜이 체화된 '우물 안 일잘러' 상태에서는 자신의 필터로만 모든 것을 판단하게 된다. 하지만 일의 결을 바꾸는 미묘한 생각의 차이는 분명 존재하고, 그런 차이를 '핏이 맞지 않다'고 말한다. 나의 우물 속 일잘러 동료는 '에이, 뭐가 다르겠어. 그냥 다 일이 똑같지 뭐'라고 생각했다가 기존에 생각해 본 적 없던 면접 질문의 포커싱에 당황해 결국 면접에서 떨어졌다는 이야기를 해 줬고, 우리는 불쾌한 마음과 함께 무언가 알 수 없이 쫓기는 마음을 나누었다.

그리고 3년이 지난 지금, 말로 설명할 수 없던 이 차이를 조금은 설명할 수 있게 되었다. 경험을 확장했기 때문에 가능했다. 면접관으로 사람을 뽑는 입장이 되고 나니 '핏'이 맞지 않는 사람을 뽑는 것이 기업 입장에서 얼마나 어려웠을지도 이해하게 되었다.

"혹시 스프린트 방식으로 프로젝트를 실행하는 것에 대해서 경험이 있거나 이해하고 있는 바를 설명해 주실 수 있을까요?"
"스프린트는 처음 들어 봤어요."

15년 넘게 이커머스 서비스 기획에서 경력을 쌓고 새롭게 배우는 것부터 시작하겠다는 강한 의지로 1~3년 차 프로덕트 오너 자리에 지원했던 한 분의 대답이었다. 나 역시 그분을 아쉽게 떨어뜨리며 핏이 맞지 않다고 표현할 수밖에 없었다. 스프린트 따위가 뭐가 중요하다고 사람의 가치를 보지 못하냐고 말할 수 있다. 그분도 내가 겪었듯 자존심이 걸린 고민들을 모두 이겨 냈기에 지원했을 것이고, 비즈니스에 대한 이해도도 깊었다. 단지 단순 이직을 넘어 일하는 방식을 바꿔서 습득하려는 의지까지는 증명할 방법이 없었다고 생각한다. 나보다 선배인 그분의 행동에 정말 박수를 보내고 싶다. 하지만 만약에 정말로 일하는 방식을 바꾸고 싶었다면 그 방식으로 일한다는 것이 무엇인지 조금은 알아보고 올 수 있었을 텐데 그 점이 아쉬웠다. 그게 아마도 그 질문에서 나를 포함한 면접관들이 느낀 핏의 문제였을 것이다.

반면에 그 직무를 차지한 사람은 달랐다. 맞든 틀리든 자신이 다니는 기업과 면접 중인 기업의 일하는 방식을 비교하여 설명하고, 본인이 어떻게 일해 보고 싶은지 설명하며 그 가능성을 물어보는 사람이었다. 현재의 핏이 맞지는 않지만 핏을 맞출 수 있겠다는 생각이 들었다. 일을 습관적으로 하지 않아야 새로운 핏에 적응할 수 있다. 그걸 보여 줄 수 있는 방법은 뭘까? 애초에 차이를 먼저 대충이라도 알아보고 오는 것 아니었을까.

동료들이 일의 방식을 바꾸지 못하고 이직만 하는 것을 보며 나는 위기감을 느꼈다. 그 상태로 무턱대고 지원했다면 좌절감부터 맛보게 되지 않았을까. 우물 밖의 세상에서는 당신이 그 우물을 벗어나 어떤 환경에 처해도 역량을 발휘할 수 있는 사람인지 알고 싶어 한다. 그러니 일하는 방식을 바꿔서 나의 세상을 확장하기로 마음먹었다면 먼저 세상에 대해 알아봐야 한다. 무엇을 바꿔야 하는지 먼저 떠올리고 각오한 사람에게는 반드시 그런 기회가 찾아온다. 그 각오와 마음 자체가 핏을 맞출 수 있다는 증거이자 스펙이 되기 때문이다.

CHAPTER 02

메타인지에서 시작한
프로덕트 오너로의 도전

헤드헌터보다
유능한 커피 한 잔_
커피챗

□
○

어렴풋하게라도 알고 맞추려는 의지

내가 서비스 기획 입문 강의에서 만난 취준생들은 종종 "신입을 뽑는데 왜 경력을 바라나요?"라는 하소연을 했다. 요즘 즉시 전력이 될 사람을 뽑는 기업들은 대부분 경력 없는 신입을 뽑기보다는 1~2년 차를 선호한다. 혹은 신입을 구한다고 써 놓고 'ㅇㅇ를 해 본 경험이 있는 자'와 같은 우대 조건으로 암묵적인 중고 신입을 뽑으려고 한다. 기업 입장에서는 누구를 가르칠 시간이 없다. 그래서 최소한의 역량을 가진 사람을 뽑고 싶어 한다. 이런 하소연을 들을 때면, 제3자인 나는 취준생들을 달래면서 이렇게 말해 주곤 했다. "기업은 역량을 검증하고 싶은 거지 경력이 없으면 뽑지 않겠다는 뜻이 아니니 1~2년 차를 바라는 모집 공고에도 다 지원을 해 보라"고. 그리고 잘 모르겠으면 회사에 다니고 있는 사람들에게 많이 물어보라고.

"경력의 핏이 맞지 않아서 안 뽑는다는데, 핏을 어디 가서 맞추지?"

내 일이 되었을 때, 솟아나는 질문은 결국 같은 질문이었다. 심호흡을 한 번 하고 제3자의 관점을 가지려 노력했다. 나는 과거 강의에서 만난 취준생들에게 해 주었던 것과 같은 말을 내 스스로에게 건넸다.

"기업에서는 일하는 방식이 달라서 핏이 맞는 경험을 가진 사람을 뽑는다고 이야기를 하겠지. 그렇지만 그 핏이 무엇인지 어렴풋하게 알고 맞추려는 의지를 보여 주면, 또 부족한 핏을 보강할 더 큰 강점을 보여 준다면 새로운 기회가 올 거야."

미션은 단순해졌다

첫째, 내가 모르는 것이 무엇인지 알아내는 것. 그리고 둘째, 어디로 가면 내가 하고자 하는 변화된 방식으로 일할 기회를 얻을 수 있을지 알아내는 것. 아는 것과 모르는 것을 구분할 수 있는 능력이 필요했다. 쉽게 말하면 내 직무의 다양성에 대해서 '메타인지'를 갖는 것이었다.

'아우! 내가 메타인지가 있었으면, 벌써 넘어갔겠지!'

메타인지가 필요하다고 느낀 순간, 도리어 불쑥불쑥 이성을 비집고 올라오는 답답함. 사실 모르는 것이 무엇인지 알지 못하는 게 모든 초심자들의 고통이다. 우물 안에서 날아다녔던 나지만 우물을 벗어나려고 하니 갑자기 초심자가 되는 기분이었다. 내가 처음 일을 배울 때 어떻게 했더라? 역시나 가장 빠르고 효과적인 방법은 물어보는 것이었다.

질문1 : "내가 하던 것과 어떻게 다르게 일해요?"
질문2 : "그곳에 가면 그렇게 다르게 일할 수 있어요?"

이 질문에 대답할 수 있는 사람을 찾아야 했고, 후보지가 될 만한 곳에서 일하는 사람들을 만나야겠다고 생각했다. 내가 했던 조언처럼.

메타인지 전략, 그 회사의 사람을 만나 보기

내가 목표한 키워드는 단 하나. '크로스펑서널팀'.

기존의 기업들과 다르게 일하는 것으로 가장 유명한 회사 몇 군데를 찾아서 이 질문을 해 보기로 결심했다. 한 회사에서는 사내의 탤런트 애쿼지션(Talent acquisition. 사내 헤드헌트 부서의 일종)의 리크루터를 만났고, 또 다른 회사에서는 나와 같은 직무의 사람을 찾았다. 그리고 그들에게 이직에 대해 묻는 대신, 가벼운 커피챗(coffee chat)을 요청했다.

커피챗이란 IT 업계에서 많이 사용하는 용어로 커피를 마시면서 수다를 떠는 가벼운 만남을 이야기한다. 커피챗이 사전 면접처럼 작용한다고 부담감을 느끼는 사람도 많지만, 사실은 그저 서로 '간을 보는 자리'이기 때문에 커피챗 후에 꼭 입사를 지원해야 할 필요는 없다. 내 경우에는 당장 지원해 봤자 떨어질 것이 뻔했기에, 정말 가벼운 마음으로 대화해 보면서 무엇을 준비할지 큰 그림을 그릴 수 있었다. 먼저 유명 이커머스의 리크루터 두 명을 만났는데, 마침 한 블록 옆 건물이었기에 점심시간을 쪼개서 인근 커피숍에서 만남을 가졌다.

"PO(프로덕트 오너)가 크로스펑셔널팀으로 일하나요? 조직 구성은 어떻게 되나요?"

"그 회사에 계신 분이 쓰신 글에서 본 일하는 방식이 사내에서 표준적으로 일하는 방식인가요?"

"PO는 서비스 기획자보다 의사 결정 권한이 많다는데, 의사 결정을 하고 나서 책임을 지는 방식은 어떻게 진행되나요?"

"저처럼 서비스 기획자로 대기업에서 일하다가 넘어온 사람들 중에 적응에 실패한 사람이 있나요? 실패한 사람은 어떤 점을 힘들어했나요?"

짧은 30분 동안의 대화에서 막연하게 품고 있던 질문들을 했다. 크로스펑셔널팀이 가져야 하는 생각이나, 그런 팀에서 일하는 기획자가 갖춰야 할 차별성이 무엇인지 알 수 있을 만한 질문들이었다. 일하는 방식이 달라진다는 것은 사실 프로세스 변경만을 의미하지 않는다. 일하는 방식이 다를 때는 분명 그것을 뒷받침하는 이론이나 배경이 있을 테니 그것을 알고 싶었다. 이 회사는 아마존의 방식을 따라가기로 유명한 회사였기에 몇 가지 키워드만 제대로 파악한다면 아마존 자료를 뒤져 가며 일하는 방식에 대해서 더 쉽게 이해할 수 있겠다는 생각이 들었다.

나는 내가 모르는 것이 무엇인지 알기 위해 질문을 했다. 어차피 당장 지원하지 않을 마음이었기 때문에 질문하면서 부담은 없었다. 하지만 대화하는 중간중간 올라오는 불필요한 감정을 지긋이 눌러야 했다.

'내가 더 먼저 저 회사에서 일을 시작했다면 어땠을까'라는 생각과 동시에 '굉장히 좋아 보이는 이야기만 하네. 저 말을 믿을 수 있는 건가?' 하는 의심까지. 우물 안에서 자라난 못된 에고가 불쑥 못난 열등감의 모습으로 피어났다. 그렇지만 내 감정을 최대한 털어 내고 몇 가지 키워드만 집어 들었다.

PRD, 플래닝, 스프린트, 메트릭, 애자일, 프로덕트 오너, 스크럼

이미 어렴풋이 알고 있던 단어도 있고, 구체적으로 뭘 이야기하는지 모르겠는 단어들도 있었다. 중요한 것은 지금껏 스치듯 알고만 있던 그

단어를 진짜로 사용하는 기업이 있다는 사실이었다. 불현듯 과연 내가 적응할 수 있을까에 대한 걱정이 들었다.

다음으로 만난 회사는 독특한 문화와 O2O(Online to Offline)플랫폼으로 유명한 회사. 이번에는 HR 소속이 아닌 실무자를 만났다. SNS에서만 알고 있던 그분께 먼저 메시지를 보내서 사무실이 가까운 것을 핑계로 무턱대고 커피챗을 요청했다.

"보통 서비스 기획자로 일할 때랑 어떤 점이 크게 달랐나요?"

"프로젝트 진행할 때 어떤 점들을 주로 작업하게 되나요?"

"지금 일하시는 문화는 크로스펑셔널팀이라고 볼 수 있나요?"

이미 하나의 기업에서 여러 이야기를 들은 덕분에 이번에는 위와 같이 좀 더 구체적인 질문들을 할 수 있었다. 업무 프로세스적으로 어떤 차이가 있는지에 대한 이 세 가지 질문을 바탕으로, 내가 첫 번째 커피챗을 했던 기업과 지금 답변자가 다니는 기업의 차이점을 비교했다. 사용되는 용어는 달라도 두 기업 사이에 일맥상통한 부분도 있었고, 완전히 다른 부분도 있었다. 오히려 내가 다니고 있는 회사와 비슷한 점도 존재한다는 생각이 들었다.

그렇게 몇몇 회사의 사람들과 온라인/오프라인 커피챗으로 가볍게 만나서 회사의 일하는 방식을 물었다. 이미 연차가 꽤 쌓인 덕분인지 내게 가벼운 이직 제안이 많이 왔는데, 아직 이직 의사가 없다고 답변하면서도 일단은 다 만나 봤다. 내게 필요한 키워드를 얻기 위한 노력의 일환이었다.

크로스펑셔널팀이 어떻게 일하는지 아직은 정확히 몰라도, 어쩌면 알 것도 같았다. 머릿속에 나만의 지도가 생기기 시작한 것이다. 아마도 우물 밖의 모습을 조금은 구체적으로 찐하게 상상하기 시작했던 시기였다. 핏이 어떻게 다른 건지 알아야 핏을 맞출 수 있다는 가능성을 보여 줄 수 있다는 생각이 더 또렷해졌다.

헤드헌터를 만나지 않은 이유

사실 많은 사람들은 항상 성장을 지향한다. 우물 안 일잘러들도 언제나 성장을 바란다. 그리고 더 이상 그 회사에서 성장하기 어려운 상황이 됐을 때 기가 막히게 그걸 감지한다. 그때 가장 먼저 하는 일은 어쩌면 이력서를 작성하거나 헤드헌터를 만나는 것이다.

하지만 나는 헤드헌터를 전혀 만나지 않았다. 이유는 간단했다. 그들은 내가 겪는 진짜 문제를 해결해 줄 수 없기 때문이었다. 내가 바라는 것은 '다른 방식으로 일하는 것'이었다. 하지만 어떻게 알고 보내는지 모를 헤드헌터들의 마구잡이식 제안 문서에는 나에 대한 이해가 전혀 없었다. 내가 하고자 하는 업무의 방향도 그들은 알지 못했다. 이 업계는 직무에 대한 명칭이 아직 잘 정제되지 않아서 과거에 UX 기획자라는 이름으로도 불렸는데, 직무에 대한 이해도가 없으니 뜬금없이 UX 디자이너로의 이직 의사를 물어 오는 경우도 있었다.

이 직무를 겪어 보지 않은 사람이 나조차도 혼동하는 일하는 방식의 차이에 대해서 알 수 있을까? 헤드헌터가 무작위로 보낸 콜드메일(cold mail)에서 이직처의 직무에 관심 있으면 써서 보내라는 문서는 너무나 단조로웠다. 진행했던 프로젝트명 리스트와 자기소개서 몇 줄, 그리고 현재의 연봉과 희망 연봉이 나를 대변해 줄 수는 없다고 생각했다. 특히나 지금처럼 우물 밖으로 나가야 하는 상황이라면, 그런 문서로 '핏이 맞다'고 평가해 줄 사람은 없을 것이다. 만약 헤드헌터를 만나 내 문제를 해결하려 했다면, 결국 내 결말은 연봉이 조금 더 높지만 어차피 같은 우물인 비슷한 회사로 가는 결과에 그치지 않았을까. (물론 연봉은 매우 중요하다.)

헤드헌터와 상의하지 않은 이유는 또 하나 있었다. 아직 내 직장에 일말의 희망이 남아 있던 나는 이 우물의 한계를 직접 넓혀 보고도 싶었다. 이직은 마지막 카드로 두고 싶었다. 성장하지 않고 모두가 떠나가는 상황에서 '침몰하는 배에 타고 있는 기분'을 겪어 본 적이 있다. 하지만 사람이 나간 자리에는 누군가가 들어오며 배가 그래도 침몰되지는 않았다. 내가 회사를 옮기지 않고도 하는 일을 확장하고 내가 더 성장할 수 있다면, 한 회사에서 오랜 기간 있으면서 얻은 '일잘러'의 당당함도 유지할 수 있을 것이라는 알량한 생각도 조금 남아 있었다. 이 남은 희망을 '나를 이직시켜야만 돈을 벌 수 있는' 헤드헌터에게 기대할 수는 없었다.

메타인지 기르기 : 내가 모르는 것을 서칭하기

몇몇 회사와의 커피챗에서 들은 키워드들을 가지고 책상 앞에 한참을 앉아 있었다. 일단 산출물 문서의 이름을 몇 가지 들었고, 팀의 구성원들은 주로 어떻게 조합되는지 들었다. 그때부터 나의 우물 밖 메타인지를 위한 진정한 서칭(searching)은 시작되었다.

고등학교 때 교내에서 '정보검색대회'라는 대회가 열렸다. 인터넷에서 검색해서 여러 질문에 대한 올바른 답을 찾아내는 대회였다. 정확한 검색 수준과 판단력이 필요하다. 근거도 명확해야 답을 인정해 줬다. 이제 어느새 20년 전의 이야기지만, 나는 그 교내 대회에서 1등을 했다. 심지어 그 질문지의 원본까지도 플러스로 찾아냈다. 올바른 검색을 통한 정보 수집과 맥락화는 내가 잘하는 일이었기에 나는 이번에도 그 방법을 계속해서 반복했다. 서칭의 시간을 가지면서 내가 들은 키워드들로 메타인지를 넓히려고 했다. 메타인지를 키우기 위해서 가볍게 많이 하는 방법을 소개해 본다.

어떤 새로운 것을 알려고 할 때 가장 수준 낮은 검색은 '단어로 검색'

하는 것이다. '크로스펑셔널팀'이라는 단어를 구글에 검색했을 때 나오는 결과는 굉장히 단순하다. 나는 '크로스펑셔널팀으로 일하는 방법'이 알고 싶은데, 검색 결과는 단어의 정의만 알려 주기 때문이다. 커피챗을 통해서 알아 온 몇 가지 키워드를 바탕으로 질문을 넓혀 나가야 내가 모르는 것이 무언인지 조금씩 알 수 있게 된다. 시간은 넉넉하게 잡는 것이 좋고, 계속해서 머릿속에 흘러가는 생각들을 놓치지 않아야 한다.

먼저 내가 궁금해하는 것을 단어가 아닌 문장 형태로 검색해 본다. 단순하게 'How cross functional team work together(크로스펑셔널팀은 어떻게 협력하는가)'처럼만 검색해도 아티클 여러 개가 쏟아져 나온다. 그렇게 나온 아티클 대여섯 개를 골라서 읽고 나면 거기서 뭔가 또 새로운 개념을 찾을 수 있다. 그럼 그 단어를 적어 놓고 확장하면서 검색을 해 나간다.

나는 이 같은 방식을 활용해서 커피챗 때 들었던 단어들을 넓혀 나갔다. 그러다 보니 자연스럽게 더 정확한 아티클이 걸려 나왔다. 크로스펑셔널팀의 기획자를 가리키는 호칭인 '프로덕트 오너'를 함께 검색하니까 'Product Management's role in a modern cross-functional team(현대 크로스펑셔널팀에서 프로덕트 매니지먼트의 역할)'이라는 아티클이 나왔고 거기에서 일하는 방식이나 장단점 등 새로운 정보를 얻게 됐다. 그 아티클에서 본 PRD(Product Requirement Document)라는 단어를 추가로 서칭해 보니 내가 일하던 환경에서의 '화면설계서'와 비슷하다는 생각을 하게 됐다. 그래서 'PRD와 화면설계서가 다른 점'을 검색해 봤다. 이런 식으로 여러 아티클을 보는 사이에 다양한 정보들이 쌓인다.

어느 정도 서칭을 하고 나면 여러 키워드 간의 관계를 얼기설기 엮어서 정보의 얼개를 만들 수 있게 된다. 앞으로 서칭해 나가야 하는 목록이라고 할까. 서칭은 여기서 끝이 아니라 장기적으로 시작점이 되어야 한다. 앞으로 하나씩 구체적으로 공부해야 하는 내게 이 목록은 중요했다. 아는 것과 모르는 것을 계속해서 탐구해 나갈 수 있게 해 주기 때문이다.

어느 정도 검색을 마쳤을 때, 나는 내가 알아야 하는 것들을 알 수 있었다. 드디어 모르는 것이 무엇인지 알아냈다. 나는 내가 자주 사용하는 원노트(OneNote)에 이런 문구를 남겼다.

"우물 엑시트 전략이 필요함."

우물 밖으로 점프_
회사 내 프로세스
전환 또는 이직

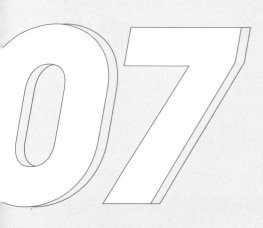

◻
○

우물 안 일잘러는 언제 이직을 택하게 될까

우물 탈출이 꼭 이직을 뜻하는 것은 아니라고 했지만, 나는 이직을 택했다. 얼마나 언행불일치인 모습인가. 하지만 이직을 택하기 전까지 나는 사내에서 우물 탈출을 꿈꿨다. 편한 것을 벗어나서 일하는 방식을 바꾸는 식으로. 익숙함과 더불어 회사 내에서 쌓아 온 것들에 대한 아쉬움도 있었고, 계속해서 새로운 기회를 얻고 좋은 평가를 받는다면 내가 이 우물 자체를 조금이나마 바꿀 수 있지 않을까 생각했었다.

그러던 어느 날이었다. 사내 메신저에 알람이 울리며 메시지가 하나 도착했다. 메시지를 읽기도 전에 보낸 사람의 이름을 보자마자 뒷목이 뜨끈하고 뻐근해지는 것을 느꼈다. 그리고 메시지를 보고 얼마간의 일을 한 뒤, 배 속에서 무언가 규칙적으로 움직이는 게 느껴졌다. 살면서 처음 겪은 위경련이었다. 2년 가까이 회사의 대형 프로젝트에서 내 몫을 해내면서 일하고 있었다. 누구나 그렇듯 나 역시 내 일에 요구되는 바를 해왔다. 그 과정에서 누구에게는 선역일 수도, 누구에게는 악역일 수도 있었을 것이다. 나는 내가 해 온 대로, 역할에 맞게 움직였다고 생각했다. 그런데 몸은 알고 있었다. 스트레스가 극에 달했다는 것을.

스트레스의 원인이 메신저를 보낸 그 사람 자체는 아니었다. 그 사람도 나만큼 스트레스를 받고 있었을 터라 안타까울 뿐이었다. 프로젝트는 수많은 이해관계를 정리해야 하는 일이고, 그 의사 결정은 조직의 방향성과 방식에 따라 이루어진다. 그런데 전까지는 익숙했던 조직의 결정이 어느 순간부터 버겁고 힘들게 느껴지기 시작했다. '대체 이따위 결정은 왜 하는 거야. 생각이 없나?'

상위 리더가 더 상위 리더를 통해서 정리한 결정들이 모두 바보같이 느껴지기 시작할 때, 나의 에고는 극에 달했다. 모두가 바보같이 느껴졌다. 힘겨운 프로젝트가 우여곡절 끝에 끝나고 회사가 운영이라는 평상시로 전환되고 난 뒤, 나의 태도는 더 가관이 되어 가고 있었다. 요청 오는 모든 것들에 대해서 '저 사람들이 잘 몰라서'라고 생각했고, 일은 하고 있었지만 모든 것에 대해서 실패하고 절망적인 결과만 떠올렸다.

에고에 대해서 쓴 앞의 글에서도 말했듯이, 나 외에 모든 사람이 바보처럼 느껴진다면 그 회사를 떠나야 할 때다. 내가 너무 잘나서, 회사가 나를 품을 수 없기 때문이 아니다. 오히려 회사가 나아가고자 하는 방향에 나 같은 사람이 방해가 되고 있기 때문이다.

우연히 〈스토브리그〉라는 드라마를 보게 된 후 이런 생각을 갖게 되었다. 그 드라마에는 임동규라는 인기 타자가 나온다. 소위 프랜차이즈

선수라고 불릴 만큼 구단을 대표하는 선수이자 구단에서 가장 실력도 높은 선수다. 하지만 드라마에서 백승수 단장은 이 선수를 다른 곳으로 트레이드시킨다. 인기 선수라는 것에 취한 임동규가 구단 내 팀원들에 대해서 이러쿵저러쿵 판단하며 팀워크를 흐리고, 본인이 구단의 방향성에 적합해야 존재할 수 있다는 것을 많이 잊은 듯한 모습을 보여서다. 난 그 드라마를 보고 큰 충격을 받았다. 그리고 스스로 일잘러라고 생각하고 평가도 잘 받으며 기세등등 거만한 나 자신을 돌아봤다. 어쩌면 나는 꼴찌 구단에서 혼자 잘났다고 우기며 팀이 더 잘할 수 있는 길을 방해하고 있는지도 모르겠다는 생각이 들었다.

회사에서는 수많은 사람들이 협업을 하고 의견을 낸다. 조직 자체가 별로일 수도, 조직의 결정이 한심하게 느껴질 수도 있다. 성공적인 전략이나 서비스를 만들었다고 해도 이는 결과론적 이야기다. 과정에서부터 확신을 가지고 일할 수 있는 사람은 별로 없다. 그럼에도 끝까지 실행한 사람들이 있었기에 결과를 내는 게 가능해진다. 내게는 이미 부정적인 생각과 감정이 켜켜이 들어앉았다. 누군가는 날 보고 번아웃이라 했고, 누군가는 이 회사에 오래 다녔기 때문이라고 했다. 하지만 나를 객관적으로 보려고 노력해 보니 더 이상 나는 회사의 리더십을 따라갈 마음이 없는 사람이었다. 회사의 리더십에 오히려 방해꾼이 되어 있었다.

스스로 에고가 지나쳐 조직의 순리조차 저버리고 자신이 일하는 공간에 대한 불신이 가득하다면 회사를 떠나야 할 때다. 그때가 언제인지 모르겠다면, 당장 블라인드 앱을 켜서 자사 게시판을 읽어 보자. 만약 회사에 대한 극단적인 비판들에 대해 하나하나 하트를 누르며 동의하고 있다면? 아무리 스스로 공부하고 노력하고 있다 해도, 당신은 이미 그곳에서 성장하기가 불가능해졌다. 당신은 이미 그 회사가 성공하든 망하든 회사가 하고자 하는 방향을 방해하는 사람일 뿐이다.

'내가 아무리 이 회사의 서비스와 정책을 잘 알고 있고, 빠르게 일할 수 있다고 해도 이미 회사에 마음이 없구나. 내가 없어야 이 회사가 원하는 것을 더 이룰 수 있겠어.'

결론을 내리고 나니 서로를 위해 이별을 택할 수 있었다. 물론 '비전은 셀프'이기 때문에 다음의 회사가 날 무조건 성장시킬 거라는 생각 따위는 하지 않았다. 적어도 회사의 의사 결정에 대해서 한 번 믿어 보자고 생각할 수 있는 회사를 찾고 싶었다.

이직을 하지 않고도 우물을 탈출하는 사람들

어떤 사람들은 의문을 가질 수도 있다. 우물이 기존에 일하던 방식을 의미한다면, 같은 회사에서 우물을 벗어난다는 건 아예 불가능한 얘기 아닐까? 나는 여기에 실패했지만 이에 대해 좋은 교훈을 주는 친구들이 있어 소개하고 싶다.

14주간 매주 주말에 모여 6시간 이상씩 '일하는 방식'에 대해서 고민하고 이야기를 나누었던 친구 두 명이 있다. 한 명은 기존 회사에서 프로젝트를 함께했던 또래 연차의 신디 성소현이고, 다른 친구는 강의 수강생으로 만나서 여러 가지 대외 활동을 같이 하면서 친해진 동생인 레이나 조민영이다. (우리끼리 농담처럼 부르기 시작한 영어 이름으로 남긴다.)

이 친구들을 처음 알게 된 2018~2019년 시기에 우리는 모두 비슷한 방식으로 일하고 있었다. 다들 연차가 길기 때문에 일하는 방식은 어느 정도 비슷하게 자리 잡아 있었다. 그러던 어느 날부터 우리는 함께 새로운 일하는 방식에 대해서 알게 된 것들을 나누고, 또 서로 자신이 일하는 환경에서 무엇이 다른지, 어떻게 되는 것이 좋은지 등을 가볍게 그렇지만 진지하게 대화하고 공유하는 시간을 가졌다. 이후 내가 임신과 출산을 마치고 반년 만에 이들과 만났을 때, 난 두 사람에게서 큰 영감을 받았다.

신디는 몇 년 전 이직했다. 내 이전 회사처럼 오래된 대기업 계열사였고, IT 부문에서 고전적인 외주 작업 방식을 고수하는 곳이라고 했다. 작업 방식은 기획자가 100% 기획하면 외주사가 수행하는 방식이어서, 디자이너나 개발자가 전문성을 더 많이 발휘할 수 없다는 아쉬움을 토로했었다. 기존대로라면 기획자가 100% 정리하는 기획을 더 선호했겠지만, 신디는 일하는 의미를 다른 직무자들과 함께 나누고, 비즈니스적으로 더 의미 있는 방법을 선택하기 위해 새로운 시도를 했다고 한다. 팀장님 허가하에 본인이 몇몇 기획자, 디자이너와 팀을 꾸려 프로젝트를 구성하고, 그 프로젝트를 외주 개발에 전달하기 전까지 문서 작성 방식을 바꿔 보는 등 일하는 방식을 바꾸었다고 했다. 그리고 그 적용 과정에서 발견한 장점을 많이 차용해서 나름 절충적인 개선을 이뤄 냈다고 했다.

나와 같은 13년 차이기에 충분히 익숙한 대로 해도 됐을 것이다. 더군다나 그걸 받아 주지도 않을 것 같은 딱딱해 보이는 회사에서, 작은 프로젝트 조직이라도 사람들을 설득하여 일의 방식을 바꾼다는 것은 대단한 일이다. 신디는 제약된 조건에서도 자신의 한계를 넓히고 우물 밖으로 점프했다. 그 친구의 이야기를 들으며 나는 박수를 치며 감탄했다.

레이나도 훌륭했다. 레이나는 작년에 일의 방식을 바꾸고 싶어서 PO 방식으로 일하는 것에 익숙한 상위 리더가 이직한 회사로 이직했다. 그런데 문제는 실무 과정에서 일어났다고 했다. 상위 리더가 회사의 일하는 방식을 바꾸고자 했지만 협업 대상인 디자이너와 개발자가 기존의 방식을 고수했다고 했다. 상위 리더와 실무에서 필요한 일의 작업 형태가 다르니 2인분으로 일해야 해서 산출물은 별로 크지 않은데 두 배로 힘들어졌다고 했다.

그런데 그녀도 변화를 만들어 낸 상태였다. 그 상위 리더는 아쉽게도 회사를 떠났지만, 그녀는 PO로서의 역할을 더 잘 정비해서 자리를 잡았다고 했다. 좀 더 서비스의 현황 분석에 대한 부분과 방향성에 집중하기 위해서 회사와 상의 후 콘텐츠 생성처럼 PO가 하기 적절하지 않은 것은 외부 전문가에 아웃소싱했고, 덕분에 사용자도 더 늘었다고 했다. 그리고 기획이 100% 되면 수행만 하려고 했던 동료들을 설득해서 디자이너와 개발자가 더 참여할 수 있도록 여러 프로세스를 정리했다고 했다. 그녀도 우리가 함께 이야기를 나누며 깨달았던 내용을 토대로 조직에 적극적으로 의견을 냈고, 지금은 업무량에 치이기보다는 중요한 일에 집중할 수 있게 되었다고 했다.

이직한 회사에서 여러 조직적 변화까지 있다면 위축되기 쉽다. 굳은 의지로 이직을 했어도 적응해야 한다는 마음에 오히려 힘들 수도 있을 것이다. 하지만 누군가는 자신의 우물 탈출의 의지를 강하게 피력하여 변화를 만들어 내기도 한다. 이 또한 훌륭한 성장의 의지라고 생각한다.

우물 탈출에 있어 이직은 필수가 아니다. 내가 오랜 기간 애정 어린 마음으로 다닌 회사에서 우물을 탈출하고 더 좋은 성과를 만들며, 서로의 세계관을 확장해 나갈 수도 있다. 하지만 내가 더 이상 조직에 도움이 될 사람이 아니라는 확신이 든다면, 서로를 위해서 제때 인사를 하는 것도 필요하다. 오랫동안 인정받으며 일한 조직을 떠날 때 아쉽고 아까운 생각이 들 수 있었지만, 이런 생각에 미치자 회사에 미안해하지도, 회사에 이를 갈면서 나오지도 않게 됐다. 정말 아름다운 이별을 할 수 있었다. 마치 서로의 인연이 다한 것을 깔끔하게 인정하고 헤어진 연인들이 친구가 될 수 있듯이.

점프하기 전
기 모으기_
이직할 회사 정하기

08

초심은 찾고 싶지만 초짜가 되고 싶진 않아

인생을 바꾸고 싶다면 환경을 바꾸라는 말이 있다. '우물 안 개구리'처럼 익숙한 환경에서 뽐내며 있던 나는, 내 자신을 더 성장시키고 싶었다. 결국 숱한 고민과 생각 끝에 다르게 일할 수 있는 환경을 선택하기로 마음먹었다. 그러자 새로운 고민들이 생겨났다.

이미 여러 회사와의 대화를 통해서 내가 경험해 보고 싶은 일하는 형태와 그를 위해서 내가 배워야 할 것들에 대해서 조금은 짐작하게 되었다. 하지만 내가 가고 싶은 회사를 선택하는 것은 굉장히 어려운 일이었다. 그 어떤 회사도 완벽하게 내가 바라는 모습을 가지고 있지 않았다. 조금씩 달랐을 뿐만 아니라, 경험 없이 듣는 것만으로는 실제 모습을 상상하기가 어려웠다.

이직 자체가 목표는 아니라고 해도, 더 늦기 전에 우물 밖 환경을 찾아야 한다는 생각에 구체적으로 나 자신과 대화를 해 보기 시작했다. 먼저, 그간 서칭하면서 스스로에게 해 주고 싶었던 말을 건넸다.

"미준아, 잘나가고 좋은 회사라고 해도 같은 우물일 수 있어."

기업들을 조사하고, 이직한 동료들의 이야기를 들으면서 한 가지 깨달은 것은 바로 이것이었다. 유명 IT 기업으로 간 동료는 이전 회사보다 복지도 연봉도 다 좋아졌지만 일하는 방식은 크게 달라지지 않았다는 이야기를 했다. 내가 바꾸고 싶어 하는 것은 일하는 방식인데, 기업을 선택할 때 이러한 고려 요건이 잘 맞는지 꼭 챙겨야겠다는 생각이 들었다.

구체적으로 피해야 하는 것의 기준을 정리해 볼 수 있었다. 내가 미션으로 가지고 있던 키워드들인 '프로덕트팀', '애자일 방법론', '데이터 근거로 기획하기', '스프린트', 'PRD(아니라면 최소 아마존의 6페이저)'와 같은 단어들이 아티클에서 보던 것처럼 명확하게 쓰이는 환경이 어디일지 생각해 보았다.

잡플래닛과 메타, 링크드인, 리멤버, 원티드 등 기업명을 넘기면서 나에게 중요한 질문들을 하나씩 해 보았다. 내가 선택한다고 해서 그들이 받아 준다는 보장도 없지만, 나는 확실한 목표가 있었기에 조건을 정리해 보는 작업이 필요했다.

"미준아, 넌 아예 새로운 환경에서 아예 초짜처럼 시작해도 괜찮니?"

"아니, 난 초심을 찾고 싶긴 해도, 초짜가 되고 싶진 않아."

너무나 중요한 질문이었다. 새롭게 일을 배우기 위해 기존의 도메인 지식이나 노하우 모두를 포기하고 넘어갈 것인지, 포기하지 않을 것인지. 만약 포기한다면 선택의 폭은 굉장히 넓어질 수 있었다.

나는 긴 시간을 종합몰 형태의 복잡한 기능이 유난히 많은 이커머스('엄청 잘 만들어진'이라고 말하진 않겠다)에서 일했고, 굉장히 오랜 기간 대규모 인원이 얽힌 조직에서 일해 왔다. 그곳에서 나는 수많은 프로젝트 경험을 얻었다. 이커머스에 대한 사용자들의 보편적인 서비스 상식이나 태도(이 바닥에서는 '멘탈 모델'이라고 한다), 운영하면서 나올 수밖에 없는 각종 기능적 요구 사항들, 생각지도 못한 오류를 만들어 내는 이유를 알게 된 경험까지. 이런 것들은 하루아침에 얻어진 것이 아니었다. 포기하기엔 너무 아깝고 애정이 있었다. 게다가 도메인 지식까지 바꾸고 포기하면서 일하는 방식을 바꾼다는 건 그야말로 완벽한 초짜가 되는 길이었기에 선택하고 싶지 않았다.

그렇게 내 선택지에 두 번째 조건이 생겼다. 내가 잘 아는 '이커머스'에 대한 도메인 지식을 활용할 수 있는 회사여야 한다는 것. 다르게 말하면 내가 10년 가까이 쌓아 온 이커머스 지식을 필요로 하는 곳이어야 한다는 뜻이었다.

"아예 새롭게 만들어지는 이커머스가 좋을까? 아니면 기존처럼 어느 정도 안정이 된 이커머스가 좋을까?"

"흠… 나는 복잡도가 있는 상태의 이커머스를 더 잘 알고 구축 프로젝트도 해 봤으니, 초기에 단순하게 만들었다가 점점 복잡도가 높아져야 하는 이커머스가 있다면 좋을 것 같아. 아예 새로 시작하는 이커머스라면 단순하게 MVP*로 빠르게 기능만 만들어야 하는데 그러기엔 내가 복잡한 케이스를 스킵하는 것이 처음에 쉽지 않을 것 같아."

더 구체적으로 스스로에게 물었다. 내 일에 있어서 내가 잘하는 것은 무엇이고, 어떤 회사에 가야 이 장점을 발휘해서 내가 더 필요한 사람이 될 수 있을까에 대해서 물었다. 내가 현재 일하고 있는 방식을 제외하고, 내 역량이 유용하게 쓰일 수 있는 기업의 상태를 이야기할 수 있었다.

"아, 이런 것도 있어! 이커머스를 10년 다니면서, 사용자 연령대가 같이 높아지는 현상을 겪었잖아? 이번에는 최소 20대를 타깃으로 한 곳이면 좋겠어."

생각이 이어지자 다른 조건도 떠올려 볼 수 있었다. 두루뭉술하던 선택의 기준들에 조금씩 윤곽이 보이는 것 같았다. 그렇게 생각을 정리

●　　Minimum Viable Product, 꼭 담고자 하는 최소 기능을 담은 제품.

해 가다 보니 몇몇 회사가 눈에 들어왔다. 내가 모든 기업을 미리 다 조사할 수는 없었기에 조건에 부합하는 기업에 다니는 사람들에게 의도적으로 이직을 고려하고 있다는 티를 내고, 그 회사에서 일하는 방식을 물어보기도 했다. 하루아침에 이 질문들이 다 정리되지는 않았지만, 이렇게 세 가지 조건이 정해졌다.

1. 일하는 방식을 바꿀 수 있는 곳(크로스펑셔널한 프로덕트팀을 지향하는 곳)
2. 이커머스면서 내가 가장 잘 알고 있는 '복잡도를 높이는 도메인 지식'을 활용할 수 있는 곳(활용되기를 원하는 회사) - 아직은 복잡도가 낮으나 성장하면서 복잡도가 높아질 수 있는 곳
3. 가능하면 서비스 사용자 연령층이 낮은 곳

이 기준을 바탕으로 고민하다 보니 점차 내가 지원할 수 있는 회사들이 보이기 시작했다. 물론 그 회사가 날 뽑아 준다는 확신은 어디에도 없었다. 하지만 적어도 1번 조건에 맞게 노력해 오고 관심을 갖고 공부한 흔적이 있었다. 2번의 조건을 바라는 회사라면 나와 회사 서로의 니즈가 일치하지 않을까 하는 생각이 들었다. 2번의 조건을 선택하는 순간 물론 1위를 달리는 빅테크 기업 몇 개가 후보지에서 날아간다는 것은 알고 있었다.

이 선택의 시점에 남편과 상의도 많이 했었다. 빅테크 기업이 날 뽑

아 줄지도 알 수 없는데 지원부터 안 한다는 것이 30대 중반의 기혼 여성 직장인에게는 리스크일 수 있으니까. 하지만 수익 개선을 위한 이직이라면 어차피 세우지도 않았을 조건들이었다. 이미 1번에서 날아간 안정적인 기업이 훨씬 더 많았기에 현실적인 인생을 위해서 추가로 두 개의 조건을 더 넣었다.

추가 1. 최소 이익을 만들어 낼 수 있는 안정적인 트래픽을 보유한 곳일 것
추가 2. 최소 연봉을 깎아서 가지는 않을 것

이상적인 조건들에서 현실에 발을 붙이게 된 셈이었다.

회사 선택은 미니마이저로

이런 조건에 따라 몇몇 개의 회사가 추려지고, 그 회사들과 가볍게 대화를 하기 시작했다. 그리고 2020년 8월 중순쯤 나는 내 다음 행선지를 결정할 수 있었다. 6월 출간된 책에 달린 리뷰를 보고 두 달여 만에, 나는 우물을 빠져나와 새로 갈 곳을 정할 수 있었다. 그 과정에서 가장 유용했던 것은 '내가 정해 놓은 조건들'이었다.

모든 선택의 방식에는 두 가지 방법이 있다. 첫 번째는 맥시마이저

(maximizer)가 되는 것이다. 최대한 많은 조건을 두고, 조건이 가장 많이 해당하는 곳을 찾기 위해 최대한 모든 기업을 조사하는 방법이다. 두 번째는 서칭 과정에서 미니마이저(minimizer)가 되는 것으로, 내 조건에 부합하는 기업을 찾았다면 빠르게 선택하는 방법이다. 일부 부족하거나 불안해 보이는 면이 있다고 해도 미니마이저의 선택은 명쾌하다. 난 이럴 때, 미니마이저로 선택한다.

가끔 이직을 이야기하는 사람들 중에서 "어딜 가면 미래가 밝을까요?"라거나 "어딜 가면 더 일하기 좋을까요?"와 같은 두루뭉술한 조건으로 이직처를 생각하는 사람들도 있다. 맥시마이저의 선택은 험난하다.

맥시마이저의 선택법을 살펴보자. '미래'라는 단어를 놓고 본다면 회사의 미래부터 나의 승진이나 성과에 대한 미래, 아직 알 수 없는 새로운 일하기 방식에서의 적응 실패 가능성 등 고민할 조건이 더 많을 것이다. 게다가 연봉이나 성과금, 휴일 등등 모든 것을 만족하기란 쉽지 않다. 특히 더 최악의 질문은 "어딜 가면 더 일하기 좋을까요?"다. 이런 경우 회사의 업종이나 도메인부터 바뀔 수 있고, 그렇게 되면 자신의 강점을 드러낼 이직처를 찾기도 어려워진다. 나처럼 성장과 변화를 꿈꾸는 사람이라면, 이런 질문들로는 더 많은 선택지에 파묻혀 쉽사리 결정을 내리지 못할 것이다.

나는 회사 선택을 위한 조건을 미리 생각했기에 나름 수월했다. 그리고 이 조건들을 생각해 둠으로써 면접에서도 의미 있는 답변을 할 수 있었다. 기업의 리더들도 상대방이 이 회사를 왜 오고 싶어 하는지 궁금해할 텐데, 내가 생각해 둔 것들의 대부분이 그 질문에 대한 답이 될 수 있었다.

지금의 나라면, 한 가지 더 물을 테다

그렇게 우물 탈출 준비를 모두 끝낼 수 있었다. 지금은 꽉 채워 만 3년이 더 지났다. '지금의 나'라면, 한 가지 조건을 더 염두에 둘 테다.

"내가 원하는 일하는 방식이 잘 정착된 회사가 좋을까, 아니면 일하는 방식을 함께 만들어 가는 회사가 좋을까?"

당시에 나는 생각지 못했던 질문이었다. 그리고 지금 와서 생각해 보면 후자의 회사를 온 것이 잘된 일이라고 생각한다. 일하는 방식이 이미 잘 정착된 회사라면 가서 그대로 배우면 된다고 생각할 수 있다. 하지만 오히려 미묘한 차이를 비교하며 왜 이렇게 다른가에 대해서 생각할 시간이 없을 수 있다. 나는 방향성에 대해서는 일치했지만 일하는 방식을 계속해서 변화시킬 수 있는 회사에 왔고, 그 변화의 과정 속에서 내가 궁극적으로 해 보고 싶었던 일하는 방식을 계속해서 적용하고 실패하고 수정해 볼 수 있었다. 자유도가 있었기에 일하는 방법을 넓히고 싶다는 내 조건에서 정말 완벽히 일치한 회사였던 것 같다. 그렇게 나는 발에 기를 모았다. 이제 점프할 일만 남아 있었다.

하지만 우물 안 일잘러가 정말 일잘러가 되기 위해서는 한 번의 큰 점프로 해결되는 것이 아니었다. 우물 벽을 기어오르기 위해서는 한참을 점프하며 올라가야 했다. 그리고 그 과정에서 10년간 지켜 온 우물 안 일잘러의 에고가 자꾸 튀어나와 내가 우물을 벗어나 바다로 넘어가는 것을 방해했다.

K-프로덕트 오너의 탄생

서비스 기획자, 프로덕트 매니저, 프로덕트 오너. 도대체 무슨 차이가 있는 걸까요? 이 차이에 대한 궁금증이 이 책을 집어 들게 했을 수도 있습니다. 직무를 물어본 사람이 업계 문외한일 때는 그에게 직무명을 설명해도 의미가 제대로 통하지 못해 공통되는 이야기만 하게 되는데요. '개발자, 디자이너는 아니지만 IT 서비스를 만드는 사람'이라고 설명하거나 '개발자, 디자이너가 더 의미 있고 구체적인 일을 할 수 있도록 하는 사람'이라고 설명합니다. 그러고 나면 질문자는 고개를 끄덕이다가 다시 묻습니다.

"그럼 왜 명칭을 다르게 불러요?"

저는 이 질문에 대한 나름대로의 설명과 대답을 얻기 위해서 오랜 시간을 고민했습니다. 이 책의 전체가 사실 이 차이를 구분하기 위해서 제가 배우고 공부해 온 과정이라고 해도 거짓말은 아닐 겁니다.

그런데 그거 아시나요? 업계에 뿌려져 있는 명칭은 저 세 개가 다가 아니랍니다. 더 많은 용어가 혼용되어 뒤섞여 있습니다. 기획자가 달린 계열로는 '웹 기획자, UX 기획자, 앱 기획자, 웹 마스터, IT 기획자' 등등 여러 가지 명칭들도 남아 있고요. 해외에서는 'Growth Product Manager, Product Designer, Program Mananger, Group Product Manager, Data Product Manager, Technical Product Manager' 등등 Product라는 단어의 앞뒤로 강조하는 기술이나 범위에 대한 용어가 붙으면서 여러 용어가 존재합니다. PM이라는 단어도 마찬가지입니다. PM에서 P를 여러 개의 프로덕트에 관여하는 Program으로 보는 경우, Project만 관리하는 경우로 섞어 쓰기도 합니다. 직무명을 혼동하는 상황은 국내에만 있는 문제가 아닙니다. 해외 업계에 있는 사람들조차 구체적으로 구분하기 어려워요. 그중에서도 가장 많이 쓰이는 용어가 '서비스 기획자, 프로덕트 매니저, 프로덕트 오너'로 정착된 것이죠.

물론 대표적인 명칭이 된 만큼 정의가 아예 없는 것은 아닙니다. 멜리사 페리의 책《개발 함정을 탈출하라》에 나오는 프로덕트 매니저와 프로덕트 오너의 정의는 여러 외서에서도 인용될 만큼 유명합니다. 프로덕트 매니저는 프로덕트 비전을 바탕으로 전략적 방향과 로드맵을 설정하는 사람이고, 프로덕트 오너는 개발자, 디자이너와 한 팀을 이루고 실제 프로젝트를 진행하며 프로덕트의 발전을 만들어 가는 사람이라고 설명하죠. 사실 프로덕트 매니저는 IT 업종에만 있는 게 아니라 제조업이나 서비스업에서도 존재하는 오랜 직무명입니다. 기업이 돈을 받고 제공하는 모든 비즈니스를 '프로덕트(제품)'라고 부르니까요. 서양의 온라인 소프트웨어 업계는 자연히 앱도 제품으로 보았습니다. 그래서 처음에는 프로덕트 매니저가 기획 역할을 가장 오래된 프로젝트 방법론인 폭포수 방법론으로 진행했었죠. 그러다가 2001년 애자일 사상이 등장하고, 이에 걸맞은 조직이나 일하는 형태로 변하게 됩니다. 프로덕트 오너는 바로 이런 애자일 조직 중 하나인 스크럼에서 등장한 직무 형태입니다. 위의 설명이 어색하지 않을 만큼 2000년대 초반 이후 실리콘밸리에서는 스크럼을 거의 개발 프로젝트의 표준으로 생각하는 분위기입니다. (애자일 사상에 대해서는 125쪽에서 더 자세히 다루겠습니다.)

국내에는 애자일 조직으로 일하는 형태가 상대적으로 늦게 퍼지기 시작했는데요. 2010년대 초반부터 존재가 알려지긴 했으나, 업계에서 제대로 사용된 건 2010년대 중반부터라고 할 수 있습니다. IT 기업은 많았지만 기획이나 개발 직무는 지원 조직으로서 필요와 요청에 의해서 이루어지는 문화가 보편적이었습니다. '일을 꾀하여 행한다'는 '기획'이라는 단어의 의미처럼 프로젝트 수행 단위로 성장을 해 왔고, 그래서 폭포수 프로젝트를 사용하는 것이 익숙하죠. 물론 변화는 있었습니다. '기획자'라는 단어 앞에 중요점에 대한 변화를 반영했죠. '웹, 앱, UX, 서비스' + '기획자'가 보편적인 직무명으로 자리 잡았습니다. 그리고 2010년대 중반이 되면 해외에서 공부했거나 실리콘밸리 출신인 사람들이 국내에 애자일 문화와 '프로덕트 오너'라는 명칭을 가지고 들어와서 사용하기 시작합니다. 프로젝트 수행보다는 비즈니스적인 방향성을 더 중요시하는 직무로서 말이죠.

이렇게 사람과 조직을 통해서 알음알음 퍼지기 시작한 탓인지 국내에서도 해외에서도 모두가 명확하게 직무명을 구분하는 것은 아닙니다. 《프로덕트 매니지먼트의 기술》의 저자 맷 르메이는 자신이 직무명을 정확하게 구분하여 알고 있다고 생각했는데, 정확하게 다른 의미로 명칭을 정의하는 사람을 만날 수 있었다는 이야기를 책에 남기기도 했습니다. 국내에서도 마찬가지인 상황이고요.

그럼에도 사회적으로 보편적 생각은 있습니다. 국내도 그렇고요. 2023년 말

출간된《프로덕트 : 유저를 사로잡는 서비스 기획의 모든 것》의 저자 홍석희는 국내에 퍼져 있는 인식에 대해서 "한국에서는 일반적으로 PM보다 PO가 더 큰 책임을 갖고 여러 팀을 관리하는 경우가 많습니다. 반대로 해외에서는 PM이 주요한 의사 결정과 방향성을 정하고, PO가 구체화하는 일을 합니다" 정도로 짧게 기술하고 있습니다. 한편 제 개인적으로 생각했을 때 국내에서 대중적 프로덕트 오너의 명성에 가장 큰 영향을 준 기업인 토스가 2022년에 발행한 기업 공식 블로그에서 "0에서 1을 만드는 역할을 하는 사람은 PO, 이미 만들어진 프로덕트를 고도화하는 역할을 하는 사람을 PM"으로 정의한 것이 가장 널리 퍼진 인식인 듯합니다. 대충 어떤 식의 생각이 보편적으로 퍼져 있는지 감이 오시죠?

사람들은 여전히 질문합니다. "서비스 기획자에서 넥스트 커리어는 프로덕트 오너가 되는 걸까요?" 그리고 많은 취업 준비생들은 말합니다. "서비스 기획자가 아니라 프로덕트 오너가 되고 싶습니다." 시장에는 여전히 폭포수 프로젝트 방식의 업무 조직이 훨씬 많은데도, 이 직무에 있는 사람들은 조직을 옮겨서라도 프로덕트 오너가 되어야 할 것 같은 불안감을 갖고 있는 것이죠. 직무자들이 선호하고 또 성과가 더 좋다는 인식 때문에 업무 방식은 바꾸지 못한 채 직무명만 프로덕트 오너로 변경하는 기업들도 등장했습니다. 덕분에 직무명에 대한 정의와 업무의 형태는 더더욱 보편성을 잃고 있죠.

한마디로 정리해 보면, 우리만의 정의가 빚어낸 편견을 바탕으로 현실은 카오스 상태입니다.

CHAPTER 03

우물 밖으로 점프!
프로덕트 오너로의 도약

우물로 돌아가려는
에고의 역습,
"나를 증명하고 싶어!"

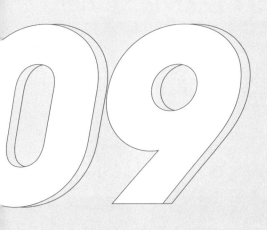

□
○

조급하게 인정을 바라는 애타는 마음의 이직자

드디어 '서비스 기획자'라는 타이틀을 벗어나, 스타트업 회사에서 '프로
덕트 오너'로 첫걸음을 시작할 수 있었다. 이름과 변화 그게 뭐라고 업
계의 변화 속에서 나만 뒤처지는 것 같은 느낌에 목이 다 타들어 가는
것 같았는데, 이제 내가 겪어 보지 못한 새로운 환경으로 들어선 것이
다. 지금부터는 다르게 일하면서 변화를 내 것으로 만들기만 하면 된다
고 생각했다.

'마치 신입처럼 그렇게 열린 마음으로 배워 나갈 거야!'

머리로는 이렇게 각오를 다졌지만, 내 진짜 속마음은 어땠을까?
새로 받은 웰컴 키트를 기념하며 사진 한 장을 찍고, 전 직장에서 그
렇게도 지급받기 어렵던 맥북을 받아 들고 반가운 마음이 든 것도 잠시,
나는 미친 듯이 회사 어드민(Admin)을 뒤져 대기 시작했다. 어드민은 보

통 회사 내부의 사용자들을 위해서 만들어 놓은 서비스 메뉴들이기 때문에 상대적으로 UI[•]보다는 데이터나 정보를 실제 데이터 테이블에 저장된 것과 유사하기 만들어 두는 경우가 많다. 그래서 실제 어떤 식으로 시스템이 구현되었는지 파악하기가 쉽다.

대기업에서 서비스 기획을 하던 사람들은 이직을 하면 으레 모든 기획 내용과 정책이 정리된 정책서를 찾기 마련인데, 사실 대부분의 스타트업은 정책서를 쓸 시간에 프로덕트 하나를 더 만드는 것이 중요할 때가 많다. 이를 알고 있던 나는 나의 연륜에서 비롯된 노하우로 새롭게 적응해야 할 서비스를 파악하기로 했다.

요구 사항으로 만리장성을 쌓을 만큼 기능이 많고 복잡도가 높았던 이커머스 서비스에서 일해 오던 나에게는 이 회사 어드민에 기록된 전체적인 기능의 양이 굉장히 단출하게 느껴졌다. 역사가 짧은 만큼 없는 기능이 많았다.

나는 이커머스 시스템에서 '주문'을 담당하기로 하고 이직해 왔다. 회사에는 나보다 석 달 정도 먼저 이직해 온 팀 동료가 있었는데 너무 반갑게도 나와 기존에 거의 비슷한 환경에서 일한 동료였던 터라 마음에 의지와 위안이 되었다. 내가 오기 전까지는 이 동료가 임시로 주문과 클레임을 동시에 담당하고 있었기에, 그에게 주문에 대한 간단한 설

• User Interface. 사용자 인터페이스의 줄임말로 모바일에서는 주로 GUI(Graphic User Interface)를 이야기하는 경우가 많다.

명과 인수인계를 받기로 했다. 그런데 이런 충격적인 이야기를 하는 게 아닌가.

"이유를 모르겠는데, 여기는 기획을 해 봐도 진행이 이상하게 안 돼요."

단호한 표정의 그녀의 표현은 명료했다. 이것저것 인수인계 파일과 정리하기 위해 노력한 문서들을 넘겨받았는데, 정말 그녀의 말처럼 이미 기획이 끝난 것으로 보이는 10여 개의 노션(Notion) 문서들이 개발이 시작조차 되지 않은 상태로 홀딩되어 있었다. 현업에서 요청받은 리스트를 백로그(backlog, 해야 할 일 목록)로 쌓아 두고 하나씩 기획안을 만들고 일정을 협의하려고 했는데 진행되지 않았다고 설명했다.

'오호라… 이렇다는 건가.'

그 순간 내 마음에서 불쑥 무언가가 움직이는 게 느껴졌다. 그리고 그 주에 처음으로 사내의 모든 프로덕트 오너가 모인 자리에서 인사를 드리던 날, 지금 생각하면 내 뒤통수를 한 대 치고 싶은 멘트를 하게 되었다.

"안녕하세요. 이미준입니다. 10년 가까이 이커머스에 있으면서 이커머스 종합몰 구축을 두 번 참여했고, 운영 기획을 하면서 다양한 모듈을 겪어 왔습니다. 제가 겪어 온 다양한 것들이 많으니 뭐든지 많이 물어봐 주세요."

"구체적으로 뭘 많이 물어볼 수 있나요?"

첫인사 자리에서 저런 멘트라니. 한 분이 반문한 것도 이해가 된다. 지금 와서 생각해 보면 내 안에서 움직였던 것의 정체가 드러난 순간이었다. 다름 아닌 내다 버리고 온 줄 알았던 '우물 안 일잘러의 에고'였다. 나는 새로운 환경에서 다르게 일하는 것을 배우고자 하는 마음으로 이직해 왔다. 그러나 복잡도가 낮은 서비스를 보고, 그리고 나와 비슷한 우물에 서 있던 다른 사람의 이야기를 들으면서 숨겨져 있던 에고가 다시 고개를 내민 것이다. 나의 마음속에 가장 먼저 떠오른 건 인정받을 일을 하기도 전에 인정을 받고 싶어 하는 유치한 자아였다. 그때의 나는 퍽 오만한 대답을 했다.

"이커머스 서비스 정책이나 구조 같은 것들이요."

이 글을 쓰는 지금도 그 멘트를 생각하면 얼굴이 화끈 달아오른다. 당시의 나 역시 그 말을 하면서 얼굴이 살짝 상기되는 감정을 느꼈다. 이렇게 아직도 생생하게 기억이 나는 것을 보면 분명히 그랬다.

우물을 빠져나온 일잘러는 내가 우물을 빠져나온다는 사실 자체에만 너무 몰두하고 있었다. 환경의 변화는 나만의 것이 아님을 잊고 있던 것이다. 내 우물이 아닌 그곳에 서 있던 사람들에게도 나라는 사람의 등장은 변화 중 하나였다. '우물 안 일잘러'로서 오랜 시간을 보내 온 탓에 기대를 받는 것에 익숙했고, 그래서 사람들이 내게 기대감을 갖고 있을 거란 생각에 쓸데없이 급한 말이 먼저 튀어 나갔다. 일에 대한 지식도 스킬도 천천히 보여 주면 되는데, 도착한 지 하루 만에 나를 일잘러로 인정해 달라고 떼를 쓰고 있었다. 물론 오만한 에고가 깨지는 데는 그렇게 오랜 시간이 걸리지도 않았다.

변화 앞에서 만난 관성의 충돌 현장

나보다 석 달 먼저 이직해 온 그녀는 분명 내가 잘 알고 있는 여타의 일잘러들과 같았다. 회사 정책을 부지런히 정리해서 문서로 만들어 파악하고 있었고, 리스트업한 요구 사항을 어떻게 구현하면 좋을지 보기 좋게 기획 문서로 정리했다. 목표하는 일정도 세워 두었다. 하지만 일이 전혀 진행되지 않고 있음에 답답해했다. 몇 번의 회의를 하며 지나갔는데 일정이 세팅되지 않더라는 게 그녀의 이야기였다. 비슷한 환경에서 비슷한 연차인 그녀의 이야기를 들으면서 어떻게 해야 이곳에서 일을 잘할 수 있는가에 대한 불안감이 커졌다.

그러던 것도 잠시, 오만했던 내 인사말이 어떤 면에서는 먹혔던 건지 입사 2주 차에 사내에 뜬 대형 프로젝트 세 개 중 하나를 내가 담당하게 되었다. 그 프로젝트는 여러 가지 용도로 분산된 상품 쪽의 데이터베이스(DB)를 통합하면서 상품 모듈의 한계를 없애기 위해서 레거시*를 개선하는 프로젝트였다. 상품 모듈과 주문 모듈을 주니어 한 명과 같이 담당하게 되었다.

그리고 갑자기 전사 플래닝**을 통해서 사내에서 프로젝트의 방향성을 발표하는 시간이 잡혔다. 4일 뒤였다. 시간에 쫓긴 나는 습관적으로 요구 사항을 정리하기 시작했다. 종합몰에서 상품 등록/관리 시스템을 이미 만들어 본 적이 있었기에 가능한 일이었다. 수십 개의 항목을 적고, 거기에 맞는 예외적인 정책들을 빼곡히 적었다. 나는 경험이 많으니까 이렇게 할 수 있다는 우물 안 일잘러의 시그니처 '오만'도 빼놓지 않았다. 그리고 경험에 미루어 일정을 가늠해 보고 못해도 1년은 걸릴 프로젝트라고 생각했다.

'3년이나 긴 프로젝트를 하다가 겨우 이직해 왔는데 또 긴 프로젝트

●   legacy. 운영 중인 서비스에서 기존에 만들어져 있는 여러 가지 정책과 로직을 포함한 시스템 산출물을 지칭.

●●   planning. 분기별 업무 계획 기간.

라니, 이것도 팔자인가.'

　하지만 그 생각에도 오만함은 베이스처럼 따라붙어 있었다. 일하는 방식을 바꾸고 싶어서 우물을 뛰쳐나왔는데, 나는 여전히 습관처럼 일하고 있었다. 그저 손이 빨랐을 뿐.

　대망의 플래닝 발표의 날. 나는 내가 맡은 프로젝트의 전체적인 구성에 대해서 이야기하기 시작했다. 굉장히 많은 상품 등록 항목과 케이스를 포함했다. 필요 없다고 생각한 몇 가지는 지웠지만 기존에 계속해서 습관적으로 봐 왔던 항목들의 대부분이 문서에 담겨 있었다. 발표가 끝난 뒤, 피드백과 질문이 나왔다.

　"그건 그렇게까지 먼저 정해서 말하지 말아요. 목표 일정은 3개월이에요."

　"아, MD 이야기를 들어 보니까 이렇게 고려해서 해야겠네요."

　그러던 중 누군가가 내 문서 내의 개발적인 부분에 대해서 질문을 했고, 자리에 앉아 있던 개발자들이 의견을 내기 시작했다. 의견을 내는 이들은 함께 프로젝트를 진행하는 개발자와 개발 리더들이었지만, 그들이 객석에서 논의하고 합의한 내용들은 나와 협의되지 않은 부분이었다. 현장에서 기획 발표를 하던 나의 존재가 패싱(무시)되고 있었다.

그 당시에 내가 느낀 감정은 '욱하는 마음'이었다. 나도 모르게 개발자를 향하는 눈빛이 매서워졌다. 3개월이라는 일정도 말도 안 되게 느껴졌다. 심지어 개발은 한 달, 테스트해서 세팅하고 사용하는 것까지가 3개월이란다. 그리고 기존에 운영하던 서비스를 내리거나 한 번에 이관하지도 않는다고 했다.

'저 사람, 지금 날 무시하는 건가?'

처음으로 핏이 맞지 않다는 것이 무엇인지 느껴지는 순간이었다. 이전 회사에서는 기획이 모든 것을 결정해야만 움직일 수 있었다. 심지어 개발에서 의견을 내는 것이 더 현명할 수 있는 부분에서도 모든 옵션을 기획자가 이해한 후에 결정하지 않으면 진행이 되지 않는 환경이었다. 그런 환경에 있던 나였으니 내가 이해하기도 전에 타 직무자들끼리 협의를 마쳐 버리는 것이나, 4일 만에 힘들게 짜 온 기획안에 대해서 구체적인 개발 내용은 과도하다는 평가를 받는 것은 처음 겪는 일이었다. 그리고 그 평가를 준 대부분의 사람들은 내가 배우고자 했던 기업의 크로스펑셔널팀에서 주로 일하다 경력직으로 이직해 온 개발자들이었다. 도리어 그 사람들은 나에게 다른 것을 물었다.

"그래서 그 일을 하면 어떤 비즈니스 임팩트가 있는지 말해 주세요."

상품 등록, 관리를 하는 시스템을 통합하는 레거시 개선 프로젝트를 하는 것의 결과는 당연히 상품을 등록하고 관리하는 것이었다. 그리고 그 새로운 레거시를 바탕으로 더 많은 발전을 할 수 있었다. 그런데 이렇게 정성적인 대답은 누구에게도 만족을 주지 못하는 것 같았다. 그들은 목표가 명확하지 않다고 말했다. 좀 더 클린한 비즈니스 임팩트(business impact)를 숫자로 보여 달라고 했다. 난 머릿속이 멍해졌다.

내가 하던 대로 해도 진행이 될 것 같았지만, 개발자들 사이에서는 납득이 안 된다는 미묘한 분위기가 흘렀다. 그것이 내가 느낀 핏의 차이였다. 정리된 일을 하는 것이 아니라 비즈니스 임팩트가 있는 일을 하자는 것이 크로스펑셔널팀에 익숙한 개발자들의 핵심이었다.

그리고 내가 의지하던 클레임 담당의 그녀를 통해서 핏의 차이를 더 명확하게 알 수 있는 사건이 일어났다. 전사의 프로덕트 오너가 모두 모인 자리에서 VP(Vice President, 임원급 직급 중 하나)는 직원들과 프로덕트 오너의 역할에 대한 이야기를 나눴다. 사내에서는 내가 만드는 새로운 상품 시스템을 기반으로 물류창고를 통해서 직배송을 하는 서비스를 기획하기 시작했고, 주문과 클레임은 모두 새로운 서비스 프로세스에 가담해야 했다. 문제는 거기서 일어났다.

VP는 프로덕트 오너들에게 각 프로세스에서 가장 비즈니스 임팩트를 높일 수 있는 정책을 먼저 제안할 수 있어야 한다고 설명했다. 예를 들어 클레임 처리를 할 때 교환 프로세스의 정책적 범주를 어떻게 가져

가는 것이 개발량을 최소화하면서 비용과 구매자를 생각했을 때 가장 합리적인지를 제안해 달라는 것이었다. 이에 대해 클레임 담당인 그녀가 발언한 후, VP와 약간의 설전이 이어졌다.

"그런 정책은 사업부에서 먼저 정해서 전달해야죠. 우리 일은 정해진 정책대로 문제없이 구현이 잘 되도록 하는 거 아닌가요?"

"기획자가 하나하나 다 정해 준 대로 개발하는 건 우리가 지향하는 바가 아니에요."

"그럼 프로덕트 오너가 사업까지 관할해야 한다는 거예요?"

"사업적인 부분이라기보다는 사용자와 개발 관점에서 적절한 양을 정해서 비즈니스 임팩트를 최대한 빠르게 만들 수 있는 방법을 찾자는 거죠."

클레임의 그녀는 도무지 받아들이기 힘들어했지만, 대화를 들은 나는 그 순간 모든 것이 확실해졌다. 우물 밖으로 벗어나기 위해 애써서 공부했던 모든 것들을 다시 떠올리기 시작했다.

내가 우물 안에서 일했던 방식으로는 클레임의 그녀의 말이 구구절절 이해가 가고 공감이 되었다. 그때는 사업적인 부분에 대해서 지나치게 의견을 내는 것이 월권이었고 크게 관심 갖지 않아도 되는 영역이었다.

하지만 내가 굳이 이직까지 하며 겪어 보고자 했던 크로스펑셔널팀의 방식대로라면 VP의 말이 맞았다. 프로덕트 오너는 비즈니스 임팩트를 명확하게 밝히고, 무엇을 해야 하는지 유저 스토리(166, 184쪽 참고) 레벨로 간단하게 정의한 뒤, 메이커(maker)들이 역량을 발휘해 자유도를 가지고 프로덕트를 만들게끔 돕는 것을 지향했다. 그러려면 비즈니스 임팩트를 명확하게 판단할 수 있어야 했다. 그 영역은 분명 과거에 사업부의 영역으로 선을 긋던 부분과 미묘하게 일치했다. 흔히 서비스 기획에서 '상위 기획'이라고 나누는 것과도 다른 결이었다.

논쟁이 있은 후, 나는 내가 하는 일의 방식이 실제로 어떻게 다른가에 대해서 생각했다. 그리고 내 '우물 안 일잘러의 에고'를 다시금 곱게 접어서 마음속 서랍 어딘가에 쑤셔 박았다. 무엇이 다른지 정말 모르겠다면 이런 방식에 익숙한 동료들의 이야기를 들으면서 차이를 밝혀야겠다고 생각했다. 그리고 가장 먼저 프로덕트 오너들의 성향에 대해서 조사하고, 비즈니스 임팩트를 찾는 일을 어떻게 정리할 것인가 하는 새로운 포커싱에 몰두했다.

그런데 일이 있고 한 달이 채 지나지 않아서, 클레임의 그녀는 떠나갔다. 떠나가면서 본인은 이런 방식으로 일하는 것에 적응할 뜻이 없지만 나라면 적응할 수 있을 거라며 용기도 주고 갔다. 참고로 그녀가 이직해 간 곳은 놀랍게도 내가 10년간 다닌 회사였다. 그곳에서라면 일잘러일 거라고 한눈에 알아봤는데. 역시나 굉장히 안정적으로 성과를 만들며 적응했다고 한다.

나는 나중에서야 그녀가 말했던 개발이 왜 진행되지 않았는지 그 이유를 알 수 있었다. 그녀는 익숙하게 요구 사항대로 기획안을 작성하고 전달했지만, 사업적이고 숫자로 나타내는 비즈니스 임팩트에 대해서는 명확히 밝히지 않았기에 메이커들을 설득하지 못한 것이었다. 또 크로스 펑셔널팀으로서 함께 스프린트를 설계하고 모든 메이커들과 소통하는 대신 개발 리더에게 리스트업을 전달하는 방식으로 요청했기에, 누구도 개발 착수에 드라이브를 걸 수 없었다.

내가 우물 같은 익숙함을 벗어나서 새롭게 만난 곳에서의 가장 큰 차이는 일을 움직이는 핵심의 차이였다. 이 세계를 돌리는 무브먼트(movement) 엔진의 핵심은 '비즈니스 임팩트'였다.

방향성에 따라서 일의 방식을 바꾸는 것 : 업스킬링

나는 내가 하고자 하는 것이 무엇인지 당시에 설명하지 못했다. 내가 노력한 것은 단순한 이직이 아니라 '서비스 기획자'라고 불리던 국내의 표준적인 일하는 방식에서 '프로덕트 오너'라고 불리던 방식, 즉 당시에 가장 성과를 잘 내는 사람들의 일하는 방식으로 넘어가고자 하는 것이었다.

처음에는 문서 작업이나 의사 결정 과정과 같은 환경의 차이, 크로스펑셔널팀이라는 조직의 차이가 가장 크다고 생각했다. 하지만 겉모습의 차이보다 중요한 건 '일을 움직이는 무브먼트의 차이'였다. 기존의 조직은 조직의 여러 생리 구조에 의해 일이 정해졌다. 대기업 임원들의 임기, 계열사 간의 이해관계, 심지어 고객사와 수행사라는 관계까지…. 이런 여러 관계가 날이 서 있게 움직이는 곳에서는 리스트업된 수많은 요구 사항을 그대로 만들고 수행하는 것이 중요했다. 반면 크로스펑셔널팀이 작동하는 곳에서는 각 분야의 직무자들이 비즈니스 임팩트를 위해 짧은 시간 내에 효과적으로 전문성을 발휘하는 것이 중요했다.

무브먼트의 차이는 시계 돌아가는 방식의 차이와도 같았다. 아날로그시계와 디지털시계의 작동 방식에 차이가 있듯, 서비스 기획자와 프로덕트 오너는 작성하는 문서도 시간을 쓰는 방식도 조금씩 다를 수밖에 없다. 하지만 그럼에도 아날로그시계와 디지털시계가 해야 할 일(Job)은 결국 시간을 알려 주는 일이듯이, 내가 해야 할 일(Job)은 프로덕트를 기획해서 세상에 탄생할 수 있도록 개발자, 디자이너와 협업을 하는 것이었다.

나의 우물 탈출을 위해서는 기존의 일하는 방식에서 세세한 스킬들을 모두 분리한 뒤, 새로운 무브먼트에 맞게 재조립하는 과정을 겪어야 한다고 생각했다. 그게 아니라면 나에게 익숙한 형태로 돌아가는 것도 답이었지만, 그러고 싶지는 않았다. 나는 초심자가 되는 대신 내 스킬을 업스킬(upskill, 근본적인 스킬들을 그대로 활용하되 조금 다른 방식으로 일하는 것)해야 했다.

이런 개념은 최근 아마존 Learning & Development 리더십 매니저인 대런 널랜드의 강연을 우연히 들으면서 알게 되었다. 흔히 우리가 역량이라고 말하는 부분이 '가능성'이라면 스킬은 지식을 활용하여 무언가를 해낼 수 있는, 바로바로 사용 가능한 세분화된 능력이라고 설명할 수 있다. 시간이 지나면서 환경이나 유행이 바뀔 때 업스킬 혹은 리스킬(reskill, 기존의 것을 활용하되 새로운 스킬을 추가로 익혀서 아예 전혀 다른 직무로 전환할 수 있는 능력)이 지속적으로 필요하다는 내용이다. 이는 빠르게 변화하는 요즘 시대의 직무 교육에서 중요한 트렌드라고 소개된다.

핏이 맞지 않는 것을 알고 시작한 일이었다. 내 과거의 스킬들을 활용하는 과정에서 무언가 삐걱대고 마찰을 일으켰지만, 맞지 않는 부분을 깎고 다듬으며 변화를 일으켜야 했다. 물론 성과는 계속 있었지만, 그 과정은 물음표가 넘치는 꽤나 지독한 시간이었다. 이를 테면 사과를 통째로 돌돌돌 깎으려는데, 누군가가 내게 빠르게 먹기 위해서는 조각부터 내서 깎으라고 명령하는 기분이었다. 잘 아는 일이라고 생각하는 일도 시작할 때 조금씩 머뭇거리며 '이게 맞나'를 다시 생각했고, 그러면서 마음속에 '우물 안 일잘러'의 에고를 조금씩 지워 나갈 수 있었다.

그렇게 내가 기억하는 최악의 3개월이 지나갔다.

애자일 사상 이해하기

애자일(Agile)이란 단어는 2001년에 소프트웨어 개발 업계에 처음으로 등장했습니다. 켄트 벡(Kent Beck)을 중심으로 17명의 개발자는 '애자일 소프트웨어 개발 선언'을 하게 되는데요. 선언문은 그 의도가 훼손되지 않도록 원문을 그대로만 공유하도록 되어 있습니다. 공식 사이트에서 공유된 한국어 번역은 아래와 같습니다. 영어가 원문인 상태로 번역이 되어 있기 때문에, 문장 구성도 이상하고 읽고 나서 뜻도 정확히 이해가 안 가는 문장입니다만, 그대로 옮깁니다.

애자일 소프트웨어 개발 선언

우리는 소프트웨어를 개발하고, 또 다른 사람의 개발을 도와주면서
소프트웨어 개발의 더 나은 방법들을 찾아가고 있다.
이 작업을 통해 우리는 다음을 가치 있게 여기게 되었다.

공정과 도구보다 개인과 상호작용을
포괄적인 문서보다 작동하는 소프트웨어를
계약 협상보다 고객과의 협력을
계획을 따르기보다 변화에 대응하기를

가치 있게 여긴다. 이 말은, 왼쪽에 있는 것들도 가치가 있지만,
우리는 오른쪽에 있는 것들에 더 높은 가치를 둔다는 것이다.

• 출처 : https://agilemanifesto.org/iso/ko/manifesto.html

이 사상을 이해하기 위해서는 당시 배경에 대한 이해가 필요한데요. 2000년 대 전인 1990년대에는 이른바 건설 개발에서 출발한 오래된 프로젝트 관리 방법론이 기본 방식이었습니다. 그렇다 보니 명확하게 프로젝트 진행률이 눈에 보이는 건설과 달리, 소프트웨어는 테스트 시점까지 진행률을 확인할 수 없다는 차이 때문에 프로젝트 관리 과정에서 규칙이 너무 많았다고 합니다. 예를 들어 만들어야 하는 소프트웨어 자체보다 계약을 통해 개발 완료 후 제출해야 하는 문서의 종류도 너무 많았고, 개발을 요청한 사람(고객)이 비현실적인 무리한 요청을 해 오면 나중에 납품 시 문제가 될까 봐 협상에 더 많은 시간을 쏟았죠. 요구 사항이 너무 많아서 개발이 몇 년간 진행될 경우, 이미 사회적 트렌드가 바뀌었음에도 최초 계획에 따라야 했기에 의미 없는 소프트웨어를 만들게 되는 때가 있었습니다. 애자일은 이런 문제를 더 이상 겪지 말고 개발을 통해 가치 있는 것인 '변화에 맞는 의미 있는 소프트웨어 그 자체'에 집중하자는 메시지를 담고 있습니다.

선언문을 보시면 세 가지 문단으로 나누어져 있는데요. 첫 번째 문단에서는 자신에게 할당된 개발에만 집중하던 것에서 벗어나 팀으로 일하고 서로 돕는다는 것을 이야기합니다. 그리고 두 번째 문단에서 네 개의 핵심 문장을 통해 기존의 일하던 방식의 문제점을 지적하고 앞으로의 방향성을 정의하죠. 마지막 세 번째 문단에서는 두 번째 문단에서 강조한 것들에 대해서 더 정확하게 표현하죠. 즉, 소프트웨어 개발 업계에서 일하는 방식에 대한 사상적 변화를 선언한 것입니다.

IT 업계에 있는 분들이라면 애자일 이야기를 할 때 '애자일 프로젝트 방법론'과 연결해서 이야기를 하는데요. 위의 사상을 만든 사람들은 애자일 프로젝트 방법론을 단일하게 제시하지 않았습니다. 선언에서 대표적인 개발자인 켄트 벡도 '익스트림 프로그래밍'과 '테스트 주도 개발 방법론'을 주창하긴 했는데요. 절대적으로 사용되는 형태는 아닙니다. 오히려 범주에서 애자일 방법론 중 더 유명한 것은 칸반(Kanban) 관리 방식입니다. 한 번쯤 포스트잇으로 '할 일'과 '한 일'을 구분하는 표를 보신 적이 있다면 그게 바로 칸반입니다. 애자일 시행 초기에는 개발자가 애자일 사상대로 일하고자 한다면 개발자뿐 아니라 함께 일하는 사람들도 애자일 사상에 대해 동의하고 같은 방향으로 일할 수 있어야 한다는 문제가 있었죠.

그래서 애자일한 조직과 일하는 방식이 등장합니다. 바로 '애자일 프레임워크'라고 부르는 것들인데요. 가장 대표적인 애자일 프레임워크로는 '스크럼(Scrum)'과 'SAFe(Scaled Agile Framework)'를 들 수 있습니다. 프로덕트 오너라는 명칭은 바로 이 스크럼이라는 애자일 프레임워크에서 등장했습니다. 스크럼은 1986년 다케우치 히로타다(Hirotaka Takeuchi)와 노나카 이쿠지로(Ikujiro Nonaka)의 하버드 비즈니스 리뷰 기고문에서 처음 등장합니다. 럭비에서 팀 단위로 이동하는 방식의 이름이었죠. 그리고 이 방식은 애자일 선언에 참여한 제프 서덜랜드(Jeff Sutherland)가 발전시키며 체계적으로 정리되었습니다.

그리고 이 사상에 동의한 개발자와 함께 일하는 프로덕트 매니저들은 스크럼의 스프린트(바로 뒤에서 다시 설명)에서 선택하기 쉬운 백로그나 유저 스토리, PRD 등을 연구했습니다. 기업의 규모가 커지면서 단일한 스크럼팀으로 운영하기가 쉽지 않자, 여러 개의 프로덕트팀을 가지고 있는 조직에서 애자일하게 일하는 방법인 SAFe도 출연하게 됩니다.

개발자와 조직이 정리되면서 더 쉽게 프레임워크를 이용할 수 있는 툴도 발전하게 되는데요. 개발자가 해야 하는 일을 정리하고 관리하는 관리 툴인 Jira, Asana가 등장했고 흩어진 메신저, 전화, 이메일 등을 통합하여 빠르게 소통할 수 있는 Slack과 같은 커뮤니케이션 도구도 등장했죠. 새로운 프레임워크 속 조직과 일하는 방식이 그에 적합한 툴과 만나면서 약 20년에 걸쳐 가장 대표적인 개발 팀의 일하는 방식으로 자리 잡았습니다.

문제는 국내입니다. 사실 IT 업계가 아니라도 '애자일'이라는 단어는 어디서든 들어 보셨을 수 있습니다. 한때 빠르게 일하는 기업의 성공 비결처럼 이야기됐던 것들이 바로 '애자일 조직'이었죠. 그런 이유로 혁신적 조직 구조를 이야기할 때도 많이 거론이 됐습니다. 하지만 사상부터 체계적인 이론을 바탕으로 쌓인 변화가 아닌 최종 툴만 들여오거나 갑작스럽게 프레임워크만 적용하려던 과정에서 많은 실패를 겪었습니다. 심지어 개발 조직이 아닌 곳들에도 적합도와 무관하게 적용하려는 시도가 많이 있었죠.

이 직무에서는 애자일 조직과 함께 프로덕트 매니저, 프로덕트 오너라는 단어가 함께 수입되면서 호칭과 프레임워크를 구분하지 못하는 경우도 많이 있습니다. 저 역시 일의 방식을 바꾼다는 것이 업무와 조직의 프레임워크가 다른 곳에서 일하는 것이라고 생각하지 못하고 단순히 '서비스 기획자에서 PO가 된다'는 것으로 착각했었으니까요.

애자일에 대해서는 딱 하나만 기억해 주세요. 애자일은 구체적인 형태가 아닌 사상입니다.

스크럼 프레임워크 이해하기

스크럼 프레임워크에 대해서는 온라인에서 정말 많은 자료를 볼 수 있기에 추가로 더 공부하시기를 추천드립니다만, 제가 가고자 했던 '크로스펑셔널팀'이나 '화면설계서를 쓰지 않는 프로덕트 오너'와 같은 단어들은 대부분 스크럼 프레임워크에 기반한 경우가 많기에 잠시 이야기해 보겠습니다.

스크럼 조직은 일단 프로덕트 오너, 개발자, 디자이너, 스크럼 마스터 등으로 크로스펑셔널하게 이루어진 프로덕트를 담당하는 개발 조직입니다. 스크럼 조직에 속한 프로덕트 오너는 프로덕트의 방향성에 대해서 의견을 내는 외부의 수많은 이해관계자들과 이야기를 하며 개발팀에서 개발해야 할 기능(feature)들을 정리한 뒤, 해야 할 일 목록인 '프로덕트 백로그'를 정리합니다. 이때 백로그에 대한 이유나 필요성, 목적 등에 대해서 정리가 같이 되어 있어야 합니다.

스크럼은 보통 2주를 이야기하지만 일반적으로는 1~4주에 걸쳐 스프린트라는 단위로 개발 기간을 관리하는데요. 스프린트 기간에 앞서 프로덕트 백로그에서 이번 스프린트에서 진행할 백로그를 선정합니다. 이 과정을 '스프린트 플래닝'이라고 합니다. 이 과정에서는 프로덕트 오너와 팀원들이 모두 논의하여 기간 내 처리 가능한 백로그를 선정하게 됩니다. 이렇게 선정된 백로그를 '스프린트 백로그'라고 부릅니다.

스프린트 기간 동안 이 스크럼팀의 리더는 '스크럼 마스터'가 되는데요. 스크럼 마스터의 역할은 요청을 한 사람인 프로덕트 오너와 별개로 개발이 잘 진행될 수 있도록 이슈를 체크하고 서로 도울 수 있도록 분위기를 만드는 것입니다.

스크럼 마스터의 주도하에 스프린트 기간 동안은 데일리로 서로의 개발 상황이나 이슈 등을 체크하며 자신이 할 일이 무엇인지 이야기하는 회의를 하게 되는데요. 이 회의를 바로 '데일리 스크럼'이라고 합니다. 일부 기업에서는 '익스트림 프로그래밍'에서 사용하는 '스탠드업 미팅'이라고 부르기도 하는데, 일어서서 진행할 수 있을 만큼 15분 이내의 짧은 시간 동안 팀원들의 일과를 이야기하고 서로 문제 상황을 빠르게 인식하자는 차원에서 부르는 이름으로 큰 차이는 없습니다. 이렇게 스프린트 기간이 종료되면 스프린트 기간 동안 진행한 개발에 대해서는 주기적으로 개발자 간 리뷰를 진행하고요. 보통 이 리뷰의 경우 개발자들의 소스 코드를 실제 서비스 환경으로 배포할 때 코드 리뷰하는 형태로 시스템화되고 있습니다. 스프린트가 모두 종료되면 '회고(retrospective)'를 통해서 팀에서 앞으로 더 일을 잘 수행하기 위한 개선점을 이야기하거나 일하는 방식들을 더 맞춰 나가게 됩니다. 이때 룰을 정하면 다음번 스프린트에서는 그 룰대로 일의 합을 맞춰 나가게 됩니다.

스크럼은 이렇게 스프린트를 중심으로 계속해서 하나의 팀이 서로의 성장과 실력 향상을 도우면서 프로덕트를 점진적으로 발전시켜 나가는 것을 근간으로 합니다.

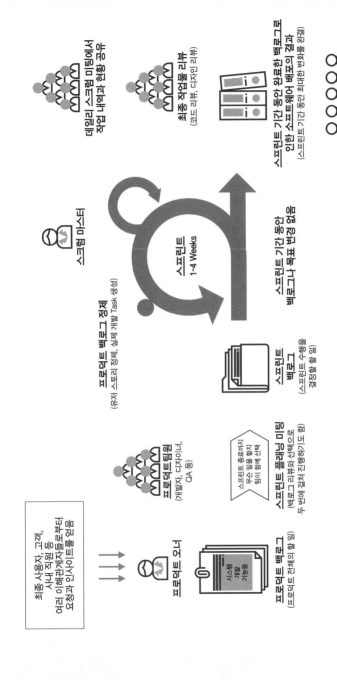

데일리 스크럼 미팅에서 작업 내역과 현황 공유

최종 작업물 리뷰
(코드 리뷰, 디자인 리뷰)

스프린트 기간 동안 완료한 백로그로 인한 소프트웨어에 배포아 걸과
(스프린트 기간 동안 최대한 변화를 완결)

스프린트 회고

스크럼 마스터

스프린트
1-4 Weeks

스프린트 기간 동안 백로그나 목표 변경 없음

프로덕트 백로그 정제
(유저 스토리 정제, 실제 개발 Task 생성)

스프린트 백로그
(스프린트 수행할 일)
(스프린트 수행을 결정함 일)

프로덕트팀원
(개발자, 디자이너, QA 등)

스프린트 종료까지 무슨 일을 할지 팀이 함께 선택

스프린트 플래닝 미팅
(백로그 리뷰와 선택으로 두 번에 걸쳐 진행하기도 함)

최종 사용자, 고객, 사내 직원 등 여러 이해관계자들로부터 요청과 인사이트를 얻음

프로덕트 오너

프로덕트 백로그
(프로덕트 전체의 함 일)
시스템 개발 기능들

스크럼 프레임워크.

완결성이 아닌 효용성들
보는 세상_
서비스 기획자에서
프로덕트 오너로

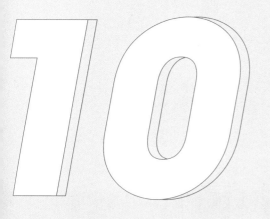

□
○

우물 안 일잘러의 가면증후군

2020년 12월 31일의 밤은 살면서 가장 괴롭게 느껴지던 날이었다. 10월에 입사한 후 3개월간 나는 스스로에 대한 의문점만 잔뜩 품고 있는 상태였다. 입사 직후 진행한 프로젝트는 정상적으로 잘 달려 나가고 있었지만, 지난날과 비교하면 나는 우왕좌왕하고 있었다. 과거의 나는 내가 힘을 가지고 프로젝트를 이끌고 있다고 느꼈지만, 이직 후의 나는 도무지 그런 느낌을 가질 수 없었다.

일하는 방식을 바꿔 보고 싶어서 왔기 때문에 나는 동료들의 이야기에 귀를 기울이고자 했다. 이미 그 방식이 익숙한 조직에서 오랜 시간을 보낸 개발자와 디자이너와 함께 일하면서, 그들이 나에게 기대하는 것이 무엇인지 정리해 보기로 마음먹었다. 그러나 그 과정은 날 계속 답답하게 만들었고 결국 '이런 식으로 일을 하기에 나는 너무 부족한 사람이 아닐까' 하는 쭈글쭈글하고 꼴 보기 싫은 '가면증후군'의 모습이 나타나기 시작했다.

입사 후 세 달이 지나고 신년이 되며 그 지긋지긋한 가면증후군에 대해서 선을 그었다. 12월 31일 밤에 나는 누워서 몇 가지 생각을 정리했고, 펑펑 울면서 자정을 넘겨 새해를 맞이했다.

나를 울게 만든 '비즈니스 임팩트'

모든 고민의 근간은 '비즈니스 임팩트'라는 이 단어 하나에 있었다.

서비스 기획자로 오랜 시간 일했던 조직에서 나에게 주어졌던 핵심 목표는 단연코 '임무 완수'였다. 여기서 임무란 아무리 방대한 요청일지라도 그 근간의 이유와 원하는 것을 파악해서 의도한 일정 안에 오류 없이 완벽한 프로덕트를 만들어 내는 것이었다. 요청자 스스로도 정확히 모르는 근간의 이유와 목표를 대화를 통해서 풀어내면서 정말로 일정 내 개발 가능한 수준을 찾아내는 것, 혹은 개발하지 않고도 목표를 맞출 수 있는 기존 기능들을 컨설팅해 주는 것이 나에게는 훌륭한 목표이자 최선이었다. 물론 그래서 종종 이런 의문이 들고는 했다.

'그래서 내가 그 프로젝트로 그 기능을 만들어 주면, 그 목표가 이뤄지는 게 진짜 맞아?'

코웃음을 칠 정도로 기가 차거나 어이가 없어도, 내 역할이 아니었기에 나는 따로 묻지 않았다. 내 일은 대해서 딱 거기까지였다. 나는 리더들이 이미 승인한 거라면 그 프로젝트의 성과가 나올 수 있느냐와 관계없이 프로젝트를 진행했고, 실제 목표한 성과가 나오는지에 대해서는 알고 싶어도 알 수 없었다. 마음은 답답했지만 그저 오픈 후 오류가 나지 않길, 후련하게 휴가라도 갈 수 있는 여유가 생기길 기다렸을 뿐이다.

그런데 내가 우물을 나와 이곳에서 만난 프로덕트팀의 테크리드*가 계속해서 '비즈니스 임팩트'라는 단어를 이야기했다. 심지어 프로젝트가 이미 규정되어서 진행되고 있음에도 회의를 할 때마다 그 질문을 했다.

"어떻게 비즈니스 임팩트를 더 키울 거예요?"
"비즈니스 임팩트를 수치적으로 정리해 줄 수 없어요?"

그 테크리드는 이미 다른 회사에서 내가 하고자 하는 방식을 많이 경험한 사람이었다. 나는 그의 질문에 가슴 한편이 답답했다. 내가 진행하고 있는 프로젝트는 최종 사용자에게 바로 연결돼서 구매로 이어지는 프로덕트가 아니라 어쩌면 인프라 시스템처럼 소위 백엔드**가 더

●   Tech Lead, 줄여서 TL. 프로덕트팀 내에서 개발을 총괄하는 리드.

●●   흔히 웹에서 프론트엔드(front-end)는 사용자에게 시각적으로 보여지는 부분을, 백엔드(back-end)는 사용자에게 드러나지 않는 DB 공간(로그인, 회원가입)을 의미한다.

많이 필요한 프로덕트인데 비즈니스 임팩트를 물으니 미칠 것 같았다. 나는 자꾸만 추상적으로 대답했고, 테크리드는 여전히 같은 질문을 했다.

이 충돌은 프로젝트 세팅의 전반적인 부분으로 이어졌다. 상품 시스템을 새로 만들어야 한다는 미션에서 나는 내 경험을 기반으로 필요한 모든 상품 항목들을 열거했다. 그런데 팀원들과 리뷰하는 과정에서는 '비즈니스 임팩트'를 위해 꼭 필요한 항목을 정해서 그것만으로 오픈할 수 있어야 첫 오픈 시점을 맞출 수 있다는 데 이야기가 모아졌다. 나는 여기서 첫 번째 큰 차이를 정의할 수 있었다.

'기능의 완결성과 기능의 효용성 중 무조건 후자를 택하는 세상에 온 거구나.'

기능의 완결성을 추구한다는 것은, 그 기능을 사용하는 모든 사용자의 이용 케이스와 발생 가능한 데이터적 케이스를 모두 고려하여 그에 맞는 정책을 빠짐없이 기획하는 것을 뜻한다. 그만큼 개발과 디자인해야 할 케이스가 많다. 여기서 한 단계 더 나아가면 내가 처음에 서비스 기획을 시작했을 때 들었던 그 단어, '확장 가능성'에 대한 부분까지 나아가게 된다. 기능의 확장 가능성이란 예를 들어 나중에 이 기능에서 지금은 제외되었지만 추가적인 기능을 만들 수도 있으니까 그걸 개발 설계에 녹여 달라고 하는 것에 해당한다. 이렇게 기획을 할 때는 120%를 상상하고 그중 20%는 버려질 수 있다는 것을 감안하고 기획해야 한다. 어차피 과도한 기획이라 다 수용하지 못하는 것이 당연시되는 상황이기에, 가능한 더 많은 양을 내세워서 합의 가능한 수준을 높이려고 한다. 그래야 완결성을 조금이나마 높이게 되니까.

과거 나와 같이 일하던 요청자들도 마찬가지였다. 어차피 설계 일부가 버려질 수 있는 걸 알기에 다들 숟가락이라도 하나 더 얹어서 '기왕에 하는 김에' 완결성과 활용도를 높이고자 했다. 프로젝트는 항상 점점 커졌고 그때부터 나는 스탠스(stance)를 바꿔야 했다. 매번 회의 때면 아이디어를 내면서 요구 사항을 더하려는 수많은 사람들과 칼싸움을 하며 그들을 이겨 내거나 방어해야 했다. 그래서 당시에 나의 별명은 '암사자'였다. 마치 사자 무리의 암사자가 싸움을 나가듯, 나는 내가 담당하는 모듈의 개발자들에게서 약속한 요구 사항이 더 불어나지 않도록 막는 역할을 했다.

그렇다면 기능의 효용성을 중요시하며 일하는 세상은 어떤 것일까. 이커머스에서 만들 수 있는 10가지의 상품 종류가 있다면, 당장 오픈 시키려고 하는 단 한 가지의 상품 종류에 최적화해서 확장성을 고려하지 않고 프로덕트를 만들어 내는 것이다. 그리고 그 최적화의 과정에서 '확장 가능성'에 대한 부분도 배제한다. 다만 나중에 아홉 가지 종류가 들어올 때를 대비해서, 미리 만들기보다는 한 가지씩 항목이 추가될 때 기존 시스템을 다시 부수고 새로 필요한 만큼 확장해서 만들어 낸다는 약속이 존재한다.

"같은 시스템을 두 번 개발하는 게 비효율적인 게 아니라, 필요하지 않은 것을 개발하는 게 비효율적인 거죠."

개발 효율에 대한 기준 역시 다르게 적용하니까, 전에 있던 논쟁은 일어나지 않았다. 요구 사항이 더해지고 더해지다가 등장하는 '리뉴얼' 혹은 '차세대'에 대한 이야기는 필요 없는 이야기로 느껴졌다. 어차피 매 번 비즈니스 임팩트가 일어나야 할 때가 부분적으로 리뉴얼이고 부분적으로 차세대였다. 이게 가능한 이유는 단 하나, 프로덕트팀에 속한 같은 사람들이 계속해서 그 프로덕트 시스템을 관리하고 변경에 대해서 인지하며 기존의 한계도 잘 알고 있기 때문이었다. 그래서 이렇게 일한 조직의 개발 속도와 텐션이 달라질 수 있었음을 체감했다. 기존의 환경에서는 고정된 데이터베이스 구조도(ERD)를 전달받아서 몇 년간 기획하는 데 활용했다면, 달라진 새 환경에서는 수시로 일어나는 리팩토링(refactoring)과 개선으로 인해서 기획자 역시 직접 SQL*로 현재 현황을 보

$^\bullet$ Structured Query Language. 데이터베이스를 구축하고 활용하기 위해 사용하는 언어. 관계형 데이터 모델로 표현되는 데이터베이스를 다루는 언어로 가장 널리 사용되고 있다.

지 않으면 안 되는 상황이었다.

비즈니스 임팩트란 내가 만드는 시스템 기능의 존재 가치를 증명해 줘야 하는 것이었다. 그렇기에 실제 프로젝트가 끝난 뒤에는 증명할 수 있어야 하고, 여기서 수치적인 목표(metric, 메트릭)가 나오게 되는 것이었다.

기존의 내 생각 틀에서는 '기본'도 다 하지 않고 프로덕트를 기획해서 오픈시켜야 하는 모습으로 보였다. 하지만 새로운 생각의 틀을 이해하게 되면서 드디어 우물 밖 세상에 적응하기 위한 새 미션이 생겼다.

'어떻게 하면 비즈니스 임팩트를 정의하고 그에 맞게 적절한 양만큼의 기획을 만들어 낼 것인가.'

이것도 분명 연습이 꽤나 필요해 보였다.

눈물로 시작한 신년, '원서'로 시작하다

PO로서의 첫 3개월을 보낸 뒤 연말의 마지막 날, 나는 침대맡에 누워서 나의 부족함에 눈물을 흘리며 한참을 생각했다. '내가 많이 부족한

가', '내가 적응을 못하는 건가' 하는 못난 마음들이 불쑥불쑥 올라올 때면 30대 중반에 흘리는 눈물이 더 뜨겁게 느껴졌다.

다시금 마음을 다잡았다. 두 직무가 비슷한 일을 하지만 직무 간 생각의 근간이 다르다면, 결국은 그 근간을 다루는 이론이 분명히 있을 거라고 생각했다. 하지만 이런 접근으로 많은 책과 아티클을 봤음에도 답을 찾기는 쉽지 않았다. 나는 나의 문제를 해결하고 싶었다. 기필코 내가 겪은 일하는 방식의 차이에 대해서 설명할 수 있는 사람이 되고 싶었다.

그때 한 가지 아이디어를 떠올렸다. 바로 원서 읽기였다. 내가 우물 밖으로 나와 여러 사람과 일할 때 가장 처음으로 다르다고 느꼈던 것이 있는데, 바로 어휘였다. 충분히 한국어로 설명할 수 있는 단어임에도 업계에서는 영단어가 난무했다. 심지어 축약어였다. 사용자에게 어떤 소구점이 있는지를 USP(Unique Selling Point)라는 단어로 표현한다든가, 사람들과 대화를 통해서 합의를 본 것을 '컴(커뮤니케이션)했다'라고 하는 등 처음에는 알아듣기도 힘들었다. 같은 IT 판이 맞나 싶을 정도로 판이하게 다른 용어를 사용하고 있었다. 이 용어들이 이른바 '판교 사투리'라고 불린다는 것도 처음 알게 됐다.

판교 사투리가 왜 쓰이는지를 생각했다. 답은 간단했다. 판교나 IT 회사 중 지금과 같이 일하는 방식의 사람들은 실리콘밸리의 독보적인 빅테크 기업들을 벤치마킹하거나 혹은 그 출신들을 초빙해 와서 성장했기 때문이었다. 내가 본 번역서들이 실제 우리나라 기업 환경과 연결되지 못한 이유는 혹시 어휘 때문이 아니었을까 하는 생각에 다다르자 선택은 하나였다.

'실리콘밸리 사람들이 쓴 원서로 그 근간의 사상을 찾아보자.'

첫 구매한 책은 당시에는 국내에 출간되지 않았던 마티 케이건(책《인스파이어드》저자)의 《임파워드》원서였다. 구글에서 ebook으로 구입했다. 원서로 읽기엔 턱없이 부족한 영어 실력이었지만 직무상 배경지식이 분명히 날 도와주리라 믿었다. 그리고 그 시작은 나에게 정말 큰 도움이 되었다.

원서를 조금씩 읽어 나가며 나는 동료들이 이야기하던 단어가 그대로 쓰인 배경을 더 실감 나게 만날 수 있었다. 번역서에는 찾아내지 못했던 단어와 상황이었다. 나는 한 권을 미처 다 읽어 내기도 전에, 한두 페이지에서 얻은 힌트를 그대로 활용해 보기도 했다.

《임파워드》에 따르면 프로덕트 오너는 팀 내에서 어느 정도 HR의 역할을 할 수 있어야 한다. 개인이 실제 팀에서 성취하고자 하는 욕망이 무엇인지 인지하고, 그에 맞는 프로젝트를 추가해 개인의 참여를 높이는 것도 프로덕트 오너의 역할이었다. 책에서 깨달음을 얻는 나는 프로덕트 오너에게 요구되는 역할을 즉시 행동으로 옮겼다. 팀 내의 모든 개발자에게 1 on 1*을 요청한 것이다. 하지만 권한도 없고 이유도 없는 갑작스러운 1 on 1을 이상하게 느끼는 사람이 많을 것 같았기에 나는 한 명 한 명을 만나서 개인 인터뷰 형태로 아티클을 쓴 뒤 사내 노션 페이지로 발행했다. 그 인터뷰를 통해서 개인의 배경과 지향점도 알게 되었고, 그들이 프로덕트 오너에게 기대했던 역할이나 현재 나의 상태에 대해서도 피드백을 받을 수 있었다. 하지만 그 시도는 의미가 있었음에도 빠르게 접었는데, 마지막으로 인터뷰했던 사람의 말 한마디 덕이었다.

"아직 폴리는 프로덕트 오너로서의 욕심이 없는 것 같아요."

아직 바뀐 나의 아이덴티티의 차이점을 정확하게 설명하기 버거웠던 나는, 그 문장을 듣는 순간 얼굴이 벌게지고 귀가 달아올랐다. 뭔가 폐부를 찔린 것 같았다. 적당히 일하고자 우물을 기어 나오는 것이 아니었기에 그 상황이 당황스러웠다. 다시금 내가 모르는 것, 부족한 것이 무엇인지 고민에 빠져들었다. 밤새 이불을 뒤척이며 다시 고민했다. 이게 지독한 가면증후군이라고 해도, 나는 그런 말을 다시는 듣지 않을 방법을 찾고 싶었다.

* 일대일 미팅. 주로 직접적인 업무 주제를 놓고 하기보다는 개인의 성장이나 평가, 조언 등을 바탕으로 주기적으로 진행하는 미팅이다.

결국 동료들이 중요하게 생각했던 건 보어 주기식 PO 흉내나 1 on 1 요청이 아닌, 새로운 일의 방식을 이해하고 일에 진심을 다하는 내 태도였다는 데 생각이 미쳤다. 나는 프로덕트팀에 적응하려는 노력 대신 처음으로 진짜 의미 있고 비즈니스적 효용 가치가 있는 프로덕트를 놓고 고민을 시작하기로 결심했다.

프로덕트 로드맵의
시작은
비전(Vision)으로부터

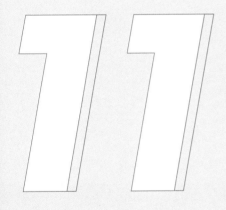

다음 플래닝 전까지 내가 해야 할 일

흉내만 내지 말고 주어진 일이나 새로운 관점을 적용하며 잘해 보자고 마음먹은 뒤 일만 하는데도 우당탕탕 몇 달의 시간이 흘렀다. 일의 방식에 있어서 내가 제대로 변화했는지 모르겠는 상황에서도, 신기하게 프로젝트는 착착 진행되었다. 프로젝트를 진행하며 온라인 서비스를 만드는 행위는 서비스 기획자와 프로덕트 오너 간에 생각보다 큰 차이가 없을지도 모르겠다는 과거의 잔상이 떠오르기도 했다. 그때마다 나는 읽었던 원서들을 되새기며 '마음만 편하려고 좀 하지 마'라고 스스로에게 말했다.

그럼에도 이상했다. 크로스펑셔널한 프로덕트팀에서 분명 스프린트 단위로 일을 하고 있고, 그저 수행하는 것이 아니라 비즈니스 임팩트를 고려한 프로젝트를 하기 위해서 데이터도 보고 UI 단위의 화면설계서가 아닌 PRD(171쪽 참고)라고 하는 내러티브 형태의 기획서를 쓰고 있는데도 뭔가 그 어떤 한 가지가 부족하게 느껴졌다. 이 프로세스에 적응하려 애쓰고 있음에도 내가 잘 만든다기보다는 허겁지겁 문서 양식을 채우며 흉내 내고 있다는 느낌이 강하게 들었다. 전사적 차원의 이미 정해진 중요한 프로젝트들을 그때그때 잘 해내고 있음에도 내가 '크로스펑셔널팀으로 일하는 조직'에서 '새 시대의 멋진 PO'로 일하면서 바뀔 것이라 기대한 것이 이것이 맞는가 하는 의문이 들었다.

"폴리, 이거 끝나면 그다음에는 뭘 해야 하는 거예요?"
"아직 다음 플래닝에 대한 요청들이 수집된 게 없어서 기다려 봐야 할 것 같아요."

분기별 업무 계획 기간인 플래닝이 끝나 갈 때쯤 낯선 대화를 하게 됐다. 비즈니스와 실무 개발 모두 훌륭하게 해내는 개발 리더 비글은 종종 내게 이 질문을 했는데, 신선한 질문이면서 동시에 마음이 쏠리는 질문이기도 했다. 그는 내가 10년간 한 번도 일해 본 적 없는, 새로운 일하기 방식에 익숙한 사람이었다. (우리 회사는 영문 닉네임으로 직원들을 부르고 있어 그대로 기록한다.)

좋은 개발자와 디자이너를 만나서 팀은 정말이지 진부한 표현이지만 번개처럼 빠르게 낮밤을 가리지 않고 플래닝된 프로젝트들을 완료해 나갔다. 매번 개발을 못 해 준다는 개발팀을 붙잡고 협상하던 과거 시절과 비교하면 너무나 행복한 현실이었다. 그러나 반대로, 비 오듯 쏟아지는 과제를 해치우느라 급급하던 기존 환경에서는 들어 보지 못한 메이커들의 질문은 나에게 새로운 챌린지로 다가왔다. 그 질문은 단지 할 일을 묻는 것이 아니라 프로덕트를 리딩(leading)한다면 가지고 있어야 할 '프로덕트 로드맵'에 대한 질문이었다.

프로덕트 로드맵은 프로덕트가 올바로 방향으로 나아가기 위해서 앞으로 해 나가야 할 프로젝트의 순서 목록과도 같은 것이다. 마티 케이건의 책에 따르면 이 로드맵은 '프로덕트를 관리하는 기획자가 프로덕트에 대한 구체적인 성장 방향성을 가지고 제시할 수 있어야 하는 것'이다. 위에서 지시한 대로 따르는 것이 아닌 기획자가 고민 끝에 제안하는 바텀업(bottom-up) 방식의 로드맵은 이상적이지만 현실에서는 상상 속에나 존재하는 영역이었다. 그런데 개발 리더의 질문을 듣는 순간 나는 그 상상의 영역을 내 실무에 끌고 와야 함을 간절하게 느꼈다. 크로스펑셔널팀의 장점을 느끼고 자시고 할 게 아니라, 당장 다음 플래닝 전까지 비어 있으면 안 되는 메이커들의 업무 시간을 의미 있게 채울 무언가를 찾아내야 했다.

근본으로 돌아가야 했다. 이제 나의 질문은 '실제 로드맵은 어떻게 채워 나가는 것이냐'로 흘러갔다. 먼저 학습이 필요했다. 로드맵을 설계하는 플래닝의 How to에 대한 설명이 필요해서 여러 콘텐츠를 닥치는 대로 읽었는데, 뭔가 뾰족하게 와닿지는 않았다. 플래닝에서 가장 유명한 아마존의 6페이저(A4용지 여섯 장 분량에 걸친 아마존식 자료 작성법)에 대한 책과 아티클도 읽었고, 페이스북 출신 PM의 업무 강의를 보기도 했다. 해외 전문가들의 아티클이 많이 올라오는 Medium.com에서 프로덕트 로드맵에 대한 아티클을 찾아보기도 했다. 뭔가 분명하진 않았지만 그 안에서도 공통적인 키워드가 눈에 들어오기 시작했다.

바로 'Product vision' 그리고 'mission', 'strategy', 'objective'와 같은 단어들이었다. 나는 서른 살이 되던 해 참여했던 한 경영에 대한 영문 아티클 스터디 모임에서 읽었던 책 한 권이 떠올랐다. 바로 P&G 전 CEO인 앨런 조지 래플리의 《Playing to win》이라는 경영 전략에 대한 책이었다. 책 서두에는 '실패하는 전략을 짜는 기업들의 큰 착각 중 하나'로 이런 문장이 등장한다.

They define strategy as a vision. Mission and vision statements are elements of strategy, but they aren't enough. They offer no guide to productive action and no explicit road map to the desired future. They don't include choices about what businesses to be in and not to be in. There's no focus on sustainable competitive advantage or the building blocks of value creation.

(그들은 전략을 비전으로 정의합니다. 사명과 비전 선언문은 전략의 요소이지만 그것만으로는 충분하지 않습니다. 그들은 생산적인 행동에 대한 지침도 제공하지 않으며 원하는 미래에 대한 명시적인 로드맵도 제공하지 않습니다. 여기에는 어떤 사업에 참여할 것인지, 참여하지 않을 것인지에 대한 선택은 포함되지 않습니다. 지속 가능한 경쟁 우위나 가치 창출의 구성 요소에는 초점이 없습니다.)

스터디에는 외국 기업의 아시아 담당 상무님이 두 분 계셨는데, 그들로부터 비전(vision)과 미션(mission)에 대한 전략(strategy)과의 연관성에 대해 자세히 들을 수 있었다. 당시 나는 한국 기업에서 일하며 비전과 미션의 역할을 한 번도 체감해 본 적이 없기에 그 정체도 정확히 모르는 상태였다. 스터디를 하고 난 뒤에야 책이 'CEO 레벨에서 던지듯이 주는 비전이나 미션은 무엇을 해야 할지 알려 주지 않으니, 전략을 제대로 갖춰서 해야 할 것을 선택할 수 있는 기준을 만들어야 한다'는 것을 강조하고 있다는 사실을 알았다.

당시에는 그 이야기를 들으면서 이런 전략적 코어가 단단한 기업들이 있다는 것에 감탄만 하고 말았다. 하지만 이야기를 되짚어 보면서 내가 무엇을 해야 하는지 분명하게 이해할 수 있었다. '지금 일하는 방식은 분명 서구의 실리콘밸리에서 넘어온 개념이고, 그렇다면 플래닝에서 로드맵을 짜기 위해서는 미션, 비전, 전략, 오브젝티브 간의 관계부터 파악해서 해야 할 일을 서칭할 필요가 있겠구나'라는 생각을 하게 됐다.

먼저 미션이란 이 기업이 해결하고 싶은 문제나 가치에 대한 것을 이야기한다. 비전이란 미션을 달성했을 때, 기업 또는 프로덕트가 되고자 하는 모습이나 최종적인 형태를 의미하며 대체로 형용사적인 표현이다.

배달의민족 초창기로 예를 들어 보자. 지역의 모든 전단지를 대신하여 식당 정보를 하나로 모아 정보의 비대칭을 막는 것이 그 회사의 미션이었다면, 미션이 모두 달성된 비전의 모습은 지역의 모든 식당 정보가 담겨 있고 쉽게 주문할 수 있는 '앱'이 된다. 그리고 이를 달성하기 위해서 특정 지역부터 지역의 식당 정보를 수집하고 그들에게 수수료를 받거나 홍보를 했던 구체적인 방법들은 모두 전략에 해당하고, 각 전략에는 전략을 성공했을 때의 지향적 목적(goal, 골)이 존재한다. 전략을 수행하여 목표를 달성하는 데 있어 아주 상세한 하나하나 단위의 행위들은 전술이자 상태적 목표(Objective, 오브젝티브, 프로젝트 결과로서의 구체적인 산출물)가 된다는 설명이었다. 난 정말 무릎을 탁 쳤다. 모든 것이 명쾌하고 합리적으로 느껴졌다.

이 오브젝티브를 잘 찾아서 프로젝트로 정리하고 순서를 매겨서 정리하면 로드맵이 되었고, 이 오브젝티브를 달성했을 때의 프로젝트별 수치적 목표를 잘 세워서 관리하는 것이 OKR(Objective Key Result)의 관리 방식이라는 것도 깨달았다(231쪽 참고).

그제야 비로소 프로덕트 매니지먼트의 가장 유명한 책인《인스파이어드》에 있는 프로덕트 비전과 전략에 대한 내용들도 이해가 되기 시작했다. 서구권 기업에의 저 흐름에 대해서 잘 인지하고 있었다면《인스파이어드》에서 프로덕트 비전과 전략을 다룬 챕터의 내용은 정말이지 탁월한 요약과 규칙을 이야기한 부분으로 읽혔을 것이다. 하지만 위의 저 흐름을 알지 못하는 상태에서는 그저 모두가 방향을 잘 인지하고 감화될 수 있도록 한다는, 말 그대로 'Inspired'하자는 것으로 읽혔었다. 역시 경험이 갇힌 상태에서는 제대로 볼 수 없었다. 기업 문화가 달랐기에 불친

절한 책이 되어 버렸다.

다음 분기를 위해 난 내가 담당하는 프로덕트팀의 비전 문서를 작성하며 기업의 현재 시점의 미션을 보고, 우리 프로덕트의 비전과 전략, 골, 오브젝티브를 정리해 보기로 했다. 이런 정리는 누군가와 대화하면서 할 때 가장 효과적이다. 나는 함께 팀을 꾸리고 있던 주니어 기획자와 장장 7시간 동안 하나하나 회사와 프로덕트에 대한 지식 조각들을 맞춰 가며 우리만의 얼개를 만들어 나갔다. 누가 시켜서 하거나 조직 내 가이드가 있었던 것은 아니었다. 그저 잘하고 싶어서 해 본 일이었다. 그러고 나니 조금은 이 환경에 맞춰서 스스로 성장한 기분이 느껴지기 시작했다.

뭐든지 주어지면 다 만들어 낸다는 기획자로서의 오만함에서 시작해서, 갈피를 찾을 수 없던 변화 속 막막함에 극단적으로 쭈그러들었던 마음을 겨우 잡고 나니 제대로 출발선에 선 느낌이 들었다. 어쩐지 굉장히 새로워진 기분이었다. 그해 여름에는 당시까지 일하는 방식의 변화를 추구해서 얻은 변화의 교훈들을 담아서 사내 발표를 했다. 주제는 이름하여 〈슬기로운 PO 생활〉. 그렇게 나의 슬기로운 우물 밖 경험치가 성장하기 시작했다. 나는 발표에서 이야기했다. 나의 새로운 꿈은 이렇게 여러 가지 일하는 방식의 차이를 잘 정리해 보는 것이라고.

돋보기 폭포수 프로젝트와 애자일 프로젝트 방법론

간혹 폭포수(Waterfall, 워터폴) 방법론과 애자일 방법론의 차이에 대해서 강의를 할 때가 있습니다. 제가 프로젝트 전문가나 애자일 코치는 아니다 보니 주로 실무자의 현실적인 경험을 필요로 하는 곳에서 비개발자들을 대상으로 강연하는데요. 보통 대기업에서 이 강연을 할 때가 많습니다. IT 개발을 외주로 하는 스타트업은 고착화된 프로세스 때문에 고민이 많고, 대기업은 '애자일'에 대해 내적 반감과 불쾌감을 갖게 된 사람들이 많아서(일은 그대로인데 상부에서 업무 툴 Jira와 slack을 쓰라고 협박해서) 고민이 많습니다. 그래서 실무자로서의 제 현실 경험이 더 유용하게 다가간 모양입니다. 저는 몇 번의 강의를 거듭하며 쓸 만한 비유적 설명을 찾게 되었습니다. 개념적 설명이니 감을 잡는 차원에서만 읽어 보시고 더 자세한 자료들을 찾아보시길 바랍니다.

프로젝트 방법론을 기획자는 왜 알아야 할까

일단 이 부분을 꼭 짚고 넘어가고 싶은데요. 기업에서 처음 입사한 사람에게 "우리 회사는 어떤 프로젝트 방법론을 쓰고 있다"라고 설명해 주는 경우는 거의 없습니다. 왜냐하면 이미 기존 직원들에게는 일하는 방식이 너무 고착화돼서 그게

익숙하기 때문이죠.

명칭부터 서비스 기획자, PM/PO를 오가고 있는 기획자들은 프로젝트 방법론을 실무에서 대충 구분하며 익혀 가는 일이 많습니다. 화면설계서를 쓰는가/PRD를 쓰는가 같은 문서 작성 기준이나, 개발을 스프린트 단위로 산출물을 내느냐 마느냐와 같은 애매한 기준으로 말이죠. 하지만 그러다 보니 이직 과정에서 이전 회사와 다른 프로세스 정의나 R&R(Role&Responsibility, 역할과 책임)로 고통받습니다. 예를 들어 볼까요? 스타트업에서 그냥 요구 사항만 정의해서 프로젝트를 진행했던 사람이라면 폭포수 프로젝트를 하는 곳에 와서 메이커들이 왜 그렇게 보수적인가 충격을 받기도 합니다. 완벽한 폭포수 프로젝트를 지향하는 곳에서는 기획이 안 끝나면 디자인, 개발을 시작도 못 하거든요. 반대로 폭포수를 지향하는 곳에서 아주 빠듯하게 화면설계서를 쓰고 그것대로만 만들기를 주장하던 사람이 스타트업에 가면 어떻게 될까요? 자신의 요구 사항에 대해서 그대로 들어 주지 않고 필요 여부를 논쟁하게 되는 상황에 당황하게 됩니다. 물론 하이브리드(hybride)도 있어요. PRD를 써서 당위성에 대한 논쟁도 하는데 화면설계서가 없으면 막상 개발 진행이 안 되는 스프린트도 있는 거죠. 말이 좋아서 하이브리드지 '끔찍한 혼종'이라고 할 수도 있는 것 같아요.

이런 상황이 왜 발생할까요? 저는 지향하는 프로젝트 방법론의 툴(tool)을 부분적으로 들여오는 과정에서 개개인의 지식에 격차가 생긴 것이 문제라고 생각합니다. 아무도 근본적인 두 방법론의 차이에 대해 알려 주지 않고, 공부하는 사람들도 대충 문서를 뭘 쓰는지 정도로만 이해하고 말기 때문인 것이죠. 그렇다 보니 애자일 방법론이 좋다는 말에 크게 데여서 쳐다도 보기 싫은 사람들도 있고,

폭포수 방법론으로 제대로 프로젝트를 해 본 적도 없으면서 무조건 이 방법이 나쁘다고 믿는 사람들도 나타나는 거고요.

기획자가 방법론에 대해서 명확하게 알아야 하는 이유는 뭘까요? 저는 회사 내 프로젝트의 방법론을 바로잡기 위해서가 아닌, 오히려 그 반대로 이것저것 툴과 구호가 뒤섞인 상황을 분석해서 어떤 방법론을 기반으로 기획자가 어떤 역할을 해야 하는지를 파악하기 위해서라고 생각해요. 즉, 겉으로 뭘 떠들고 실제로는 어떻게 일하든지 간에 그 상황에서 우리의 역할을 잘 정의해서 잘 해낼 수 있으면 되는 거니까요. 이건 화면설계서를 쓰는지 PRD를 쓰는지 유저 스토리를 쓰는지 스프린트를 해 봤는지 이런 것과는 전혀 다른 실무적인 방점이라고 생각해요.

자, 3층짜리 펜션을 짓는다고 가정해 볼게요.

1. 폭포수 방법론으로 3층짜리 집을 지을 때를 가정해 봅시다.

1층 기획자, 2층 기획자, 3층 기획자, 화장실 기획자, 주방 기획자 이렇게 여러 사람들이 각자의 요구 사항을 가지고 동시에 기획을 해요. 그리고 각각의 기획에 따라 디자이너, 개발자 들이 동시에 개발 작업을 하게 되죠. 1층부터 3층까지 집을 순차로 짓지 않고 마치 조립식 집처럼 각각 1층, 2층, 3층을 지어서 마지막에야 합친 뒤에 집을 오픈하려고 해요.

이제 테스트 기간이 되어서 집이 제대로 지어졌는지 확인을 하죠. 어라? 1층의 계단과 2층의 입구 위치가 들어맞지 않아요. 1층의 배관과 2층의 배관이 연결되지 않아서 2층에 수도가 연결되지 않았어요. 각자 기획하고 개발한 뒤에 합쳐 보니 틀어짐이 발생한 것이죠. 테스트 기간에 합을 맞추는 과정에서 결함이 발생하게 되고, 이를 테스트 기간에 수정합니다. 아마도 큰 프로젝트를 수행해 본 사람이라면 이런 경험이 많으실 거예요. 폭포수 방법론의 가장 큰 단점은 3층이라는 거대한 집을 짓는 동안 영향도가 크기 때문에 방향성을 수정하기 어렵고, 테스트 기간에 동시다발적으로 많은 결함이 발견되어서 프로젝트 오픈 지연이 발생하기 쉽다는 점이에요.

반면에 장점은 명확합니다. 어쨌든 기간이 끝나면 3층 집이 나옵니다. 만약에 납품을 목표로 하는 프로젝트라면 3층 집이 나온다는 것이 훨씬 더 중요해요. 대기업일수록 외주 방식의 구축을 많이 하고 애초에 목표하는 서비스의 사이즈가 크기 때문에 폭포수 방법을 선택하기 쉬운 것이죠.

하지만 더 큰 단점이 남아 있는데요. 바로 시장 적합성의 문제입니다. 우리가 3층 집을 짓느라 1년여의 시간을 소비하는 동안, 컨테이너 박스로 오픈한 펜션들과 기존 집을 개조한 펜션들에 손님이 몰리게 된 것이죠. 이미 다른 곳들이 유명해진 탓에 일찍 시작해 멋진 집을 지었지만 후발 주자가 되어 버렸어요. 그사이에 시장 경쟁력을 잃은 것이죠. 그리고 애초에 그 동네의 펜션은 3층짜리보다는 1층짜리가 더 적합한 형태일 수도 있어요. 하지만 이미 만들어졌기 때문에 많은 비용이 투자된 상태가 되어 버리는 것이죠.

2. 애자일 방법론으로 3층짜리 집을 지을 때를 가정해 봅시다.

애자일 방법론에서는 빠른 구현을 통한 실험을 중요시해요. 그래서 이 건물을 짓는 근본적인 이유를 찾아 갑니다. 알고 보니 이 동네에 바닷가가 가까이 있고 관광 수요가 늘어나고 있어요. 그래서 여기에 펜션을 지어야겠다는 생각을 했다는 거죠. 그럼 이 지역의 펜션이 갖추어야 할 가장 핵심적인 구조들을 정리해요. 이 때 중요한 점이 있어요. 실제 건축이라면 완벽한 설계를 사전에 해야겠지만 IT 프로젝트를 하는 경우라면 다른 점이 있어요. 바로 메이커들의 참여도를 높이는 거예요.

처음 기획을 시작한 사람은 실제 이 펜션을 지을 사람들을 모아 놓고 이 펜션의 목표와 비즈니스적 이유, 사용자들의 특징에 대해서 조사한 내용을 전부 이야기해요. 그리고 각 메이커들은 자신의 전문성을 바탕으로 실제 어떻게 지을지를 제안합니다.

물론 간단한 요구 사항은 작성해요. 바닷가니까 마당에서 바닷가를 내다볼 수 있는 곳이 있으면 좋겠다든가, 펜션이라도 바닷가라 고기를 구워 먹기보다 해산물을 먹을 일이 많으므로 해산물 쓰레기를 잘 처리할 수 있는 형태가 필요하다든가, 바닷가가 잘 보이는 테라스에 스파 시설을 둔다든가 하는 내용을 준비해 둬요. 그 구체적인 위치나 형태, 재료 등등의 것들은 메이커들이 결정하는 것이죠.

이렇게 꼭 필요한 내용을 정리한 뒤, 모두의 능력을 최대한 발휘하여 1층짜리 펜션을 먼저 지어 봅니다. 그리고 그 펜션이 얼마나 수요가 있고 사랑받는지를 체크해요. 이게 바로 MVP의 개념이죠. 궁극적으로는 3층짜리 펜션까지 가고 싶지만 그것을 엔드 픽처(end picture, 최후에 보고 싶은 그림)로 두고 정말 3층까지 갈지는 나중에 생각합니다.

이 방식의 장점은 뭘까요? 1층만 짓기 때문에 비즈니스적으로 시장 진출이 빨라져요. 그리고 범위가 작기 때문에 테스트 기간에 발생하는 오류도 상대적으로 적을 수 있어요. 개발량이 적기에 더 적은 인원으로 진행하기도 용이합니다. 그래서 애자일 방법론이 이제 막 온라인 서비스를 만들어야 하는 스타트업에서 선호되는 것은 필연적이에요. 개발이 빠르다는 표현도 바로 이 때문에 나오는 거죠.

그리고 더 중요한 부분은 이다음부터예요. 1층을 지어서 시장성이 있다는 것이 판단되면 2층을 확장할 필요가 있을지 수치적 메트릭으로 판단을 합니다. 1층이 예상보다 더 흥행하면 제품 시장 적합성인 PMF(Product Market Fit)를 찾았다고 표현하죠.

더 큰 수익을 위해서 2층이 더 필요하고 수요가 늘어나고 있다고 판단이 되면 2층을 짓기로 해요. 이때 애자일의 특징이 또 하나 나오는데요. 바로 1층의 지붕을 부수고 2층을 짓는다는 점이에요. 즉, 2층을 짓기 위해서 처음에 개발해 둔 1층의 일부를 부수고 1층의 배관이나 구조를 잘 연결해서 2층을 짓고 지붕을 다시 지어야 해요. 이 일을 잘 진행하려면 기존의 1층에 대해서도 잘 알고 있는 내부 인력이 계속 남아 있으면서, 이전에 개발했던 지붕을 부수고 다시 2층 위에 지붕을 새로 개발하는 것에 대해서 마음이 열려 있어야 해요. 애자일 방법론을 추구하는 조직들이 개발 인력을 내재화하고 프로덕트팀으로 특정 프로덕트에 전문성을 가지는 것과 같은 이유죠.

2층에서 3층으로 넘어갈 때도 마찬가지예요. 지붕을 또 부수고 구조를 개선하며 1층을 운영하는 상태로 2층과 3층을 점점 높여 갑니다. 이 방식대로라면 3층이 아니라 100층까지도 목표가 있다면 크게 확장 가능한 거예요. 심지어 1층의 영업을 멈추지 않은 채로 말이죠. 그게 애자일 방법론이 가지고 있는 지향점이죠.

사실 기존의 대기업들은 처음부터 3층 집을 원하기도 하지만, 인력을 쉽게 교체하거나 외주를 쓰기도 하기 때문에 층을 새로 지을 때마다 지붕을 새로 개발하는 것을 비효율이라고 생각하죠. 처음부터 완벽하게 한 번만 만드는 것이 효율적이라고 생각하는 거예요. 클래식한 대기업에서 여러 가지 프로덕트의 한계가 발견되면, 임기응변으로 무언가 개발해서 서비스를 실험하기보다는 '차세대' 또는 '리뉴얼'이라는 이름으로 3층 집까지 개발량을 늘리는 경우가 더 많았습니다. 완결성과 장기간 사용 가능한 시스템을 목표로 하기 때문이죠. 조직의 운영 형태와도 연관되는 부분입니다. 즉 애자일 프로젝트처럼 실험과 목표를 기반으로 '지붕을 두 번 만들려면' 처음부터 지붕에 너무 많은 공정을 들이기보다는 나중에 부술 수도 있다는 것을 인지하고 만들 수 있어야 해요. 이게 바로 '레거시' 혹은 '기술 부채'*입니다. 애자일에서는 적절한 시기에 비즈니스적 임팩트를 일으키기 위해서 '의도적으로 기술 부채를 만든다'는 판단이 필요합니다. MVP 시점에는 일단 최소한의 기간으로 비즈니스를 출시해서 실험시키는 것에 더 포커스를 맞추죠. 그리고 그 기술 부채를 만든 사람들이 추후에 직접 부수고 다시 개선해 나가

---

* Technical debt. 현시점에서 더 오래 소요될 수 있는 더 나은 접근 방식을 사용하는 대신 쉬운(제한된) 솔루션을 채택했을 때, 장기적으로 재작업이 필요할 수 있다는 사실을 인지했다는 것을 나타내는 개발 관리 측면의 용어.

면서 프로덕트를 만들어 갑니다.

이것이 없다면 애자일은 성립되지 않는다고 생각합니다. 대신에 꼭 필요한 기능을 콤팩트하게 정리해 프로젝트 스콥(scope, 범위)을 잡아내는 로드맵 설계 능력이 굉장히 중요해지는 거고요. 이 과정에서는 내부의 고정된 조직이 유용하기 때문에 프로덕트팀이 적합한 것이죠.

물론 일하는 사람으로서 애자일에도 단점은 있습니다. 애자일 방법론을 위해서 주로 사용하는 스크럼의 스프린트**라는 방식은 폭포수 방법론처럼 맺고 끊음이 명확하지 않아요. 일하는 사람 입장에서는 프로젝트가 끝나고 숨 쉬고 할 여유 없이 계속해서 판단하고 부수고 더 크게 다시 짓고를 반복해요. 계속해서 2주라는 쳇바퀴가 굴러가는 셈이죠.

해외에서 개발자들이 스프린트 애자일 방식에 이제 지쳐 간다는 글이 나오는 것도 이 때문이에요. PM/PO 역시 쉴 틈이 없어요. 계속해서 파악하고 분석하고 이유를 찾아야 하죠. 끝없이 좋은 펜션을 만들기 위한 고민을 해야 하거든요.

또 다른 문제로는 애자일 방법론을 잘 수행하기 위한 조직 구성이 제대로 작동하지 않는다면 속도가 생각보다 낫지 않다는 점도 있어요. 애자일 방법론은 폭포수처럼 완벽한 기획으로 프로젝트를 진행하기보다는, 목표를 정해 두고 크로스펑셔널팀에서 디자이너와 개발자가 붙어서 동시에 2주 단위의 개발을 진행합니다. 백지장도 나눠 들면 낫지만 기간상 동시에 진행되다 보니 실제 폭포수처럼 PM/PO에게 업무가 몰리게 되면 개발량이 폭포수보다 많지 않은데도 속도가 생

●● 스프린트(sprint)란 애자일 방법론 중 하나인 스크럼에서 스크럼팀이 업무를 정하고 진행하는 1~4주 단위의 개발 관리 기간을 의미합니다.

각보다 빨리 나지 않게 되죠. 결국 어떻게 납품을 빠르게 할 것인가가 계속해서 도마에 오릅니다. 컨베이어 벨트처럼 여러 사람이 기획을 하고 테트리스처럼 리소스를 받아 가는 폭포수보다 결론적으로 느리게 나오는 것이죠.

정리해 볼까요? 많은 대기업에서 애자일이 필요하다고 표방합니다. 하지만 대기업이 여전히 처음부터 3층짜리 펜션을 화려하고 짓고 싶어 한다면, 상대적으로 폭포수 프로젝트 방법론을 선택하는 것이 더 빠릅니다. 물론 실제로 서비스가 의미 있는지 빨리 시장에서 확인해 보고 계속해서 발전시켜 나가려면 애자일 조직을 채택할 수도 있겠죠. 다만 정말로 그렇게 작동시키기 위해서는 내재화된 PM/PO와 개발 조직이 일관성 있게 프로덕트를 관리해야 하고, 또 디자이너와 PM/PO, 개발자가 거의 동등한 높은 수준으로 비즈니스와 사용자에 대해서 파악할 수 있어야 해요. 그리고 조직 자체의 끝없이 이어지는 개발 굴레로 인해서 높아지는 개개인의 피로감 관리도 해 줄 수 있어야 하고요.

자, 이렇게 3층 펜션을 짓는 것으로 두 가지 프로젝트 그리고 그 속에 숨어 있는 조직의 이야기를 해 보았는데요. 이 글을 읽으시는 분들은 어떤 방식으로 일하고 계신가요? 어떤 방식으로 하시든 기업에 맞는 방식이 있을 뿐, 꼭 어느 쪽이 더 좋은 방법이라고는 말할 수 없다고 생각합니다.

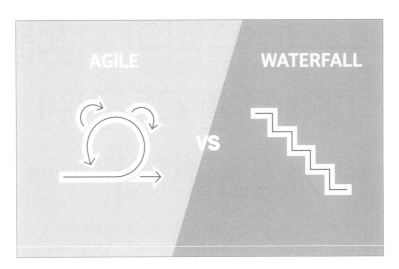

애자일 VS 폭포수 방법론.

프로덕트팀의 장점을
제대로 활용하려면
뭐가 필요하지?

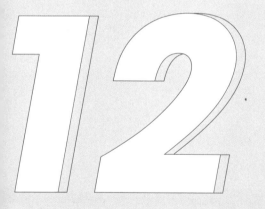

□
○

나는 프로덕트팀 형태로 제대로 일하고 있을까?

이직 후 1년이 다 되어 갈 즈음 상품, 주문, 클레임이라는 대형 도메인을 리딩하는 것에 버거움이 느껴지기 시작했다. 회사 차원의 노력과 프로젝트는 점점 더 많아졌고, 나는 한 프로덕트만 진행할 수 없었다. 도메인 지식과 경험을 활용해서 꼭 필요한 이커머스 시스템을 구현하기 위한 역할을 해야 했다. 그래서 나는 중요한 프로젝트를 정리하고 구조를 짠 뒤 빠져나가고, 디테일에 대한 부분은 함께 일하는 주니어 친구인 서리에게 업무를 넘긴 뒤 다른 일을 다시 시작하는 경우가 태반이었다. 일은 할 만 했다. 사실 내가 느낀 버거움은 아쉬움에 가까웠다.

'나는 과연 내가 바라던 대로 넘어와 프로덕트팀의 형태로 제대로 일하고 있는 걸까?'

이직을 선택할 만큼 간절했던 프로덕트팀의 경험이란 막연하고 추상적이었다. 리뷰에 달렸던 글이 생각나서 단어만 들어도 가슴이 시큰해지는 크로스펑셔널팀으로 일하고 있는데, 적극적이고 좋은 동료들을 만나서 좋긴 한데, 내가 제대로 팀의 장점을 잘 살리고 있는 것일까를 생각하면 물음표였다. 이래서는 내게 PM/PO 경험이 없다던 그 리뷰어에게 내가 해 봤다고 자신 있게 답을 할 수 없겠다는 생각이 들었다.

미션, 비전부터 생각하는 연습을 시작했고, 《인스파이어드》, 《개발함정을 탈출하라》, 《임파워드》 3대장을 읽으며 PO의 진정한 역할을 끊임없이 고민했다. 프로덕트팀이 의미 있는 프로젝트를 하고 있다는 사실을 결과물로 보여 줌으로써 메이커들이 자부심을 가질 수 있게 하고 싶었다. 이를 위해 결과 데이터나 성과에 대해 계속 리포트하려 노력했지만, 교과서적으로 말하는 "메이커들의 자유도와 전문성의 발현"을 만들기에는 무언가 부족했다. 이미 나는 기존 회사에서 쓰던 화면설계서 대신에 회사에서 준 양식에 맞춰서 메이커들의 자유도를 높여 준다는 PRD를 쓰고, 그 안에 유저 스토리를 쓰고 있었는데도 달라지지 않았다. 이미 적극적인 메이커들에게 뭔가 기획의 범위를 대신해 달라는 뜻에서 사용한 것도 아니었고, 미묘하게 차이를 만들지도 못하고 있었다.

그러던 중 전혀 예상하지 못한 곳에서 깨달음은 찾아왔다. 마치 불교 선종에서 말하는 '돈오점수(일시에 깨달음을 얻은 뒤 수행을 계속해 간다)'의 느낌이었달까. 입에서 '아~ 이거구나!' 소리가 절로 나왔다. 우연히 거의 연속으로 일어난 두 가지 일상적 이벤트 덕분이었다.

'완료 조건'과 메이커의 자유도 높이기

첫 번째 이벤트는 업계에서 유명한 스크럼 마스터이자 TPM(Technical Program Manager)인 다산이 리딩하는 회의였다. (스크럼 마스터나 TPM은 프로젝트와 개발 관련 조직의 프로세스를 체계화시키는 역할도 함께 담당한다.) 그 회의는 새로운 프로젝트를 시작하면서 전체적인 개발 설계를 통해서 개발 소요 시간을 추정해 보는 회의였다. 그가 보여 준 문서에서 눈에 띈 것은 다름 아닌 '완료 조건(Acceptance Criteria, 줄여서 AC)'이었다.

두 번째 이벤트는 며칠 후 바로 일어났다. 주문/클레임 프로덕트팀 내에서 개발자들이 진행하던 테크 토크(tech talk) 시간 덕분이었다. 팀원이었던 제일린이 애자일 방법론 중 하나인 ADD*의 개념에 대해서 발표했는데, 완료 조건을 기반으로 코딩을 할 때 테스트 코드를 만들어서 개발하는 방법론이었다. 그리고 그 이유는 DDD**와 일치했다. 이 개념들은 모두 개발자가 단순히 주어진 과제를 코딩하고 구현하는 것에 그치지 않

● ADD(Acceptance criteria Driven Development) : 애자일 사상을 반영한 구체적인 개발 방법론의 하나로, 유저 스토리에서 사용된 케이스별 프로덕트가 갖춰야 할 기능의 결과들을 바탕으로 소스 코드상에 테스트 코드를 만들어서 개발하는 방식. 개발자가 실제 사용자에게 영향을 주는 완료 조건을 계속해서 인식하고 적극적으로 전문성을 발휘하여 개발을 해야 한다는 애자일 사상을 담고 있다.

●● DDD(Domain Driven Development) : 애자일 사상을 반영한 구체적인 개발 방법론으로 실제 기업의 비즈니스를 제대로 이해하고 개발할 수 있어야 한다는 이념을 가진다. 특이점으로는 모든 소스 코드에서 변수명을 설정하거나 코드를 구성할 때, 임의의 개발 용어로 대체하지 않고 실제 비즈니스 환경에서 사용되는 용어를 그대로 사용하는 것을 가이드로 잡는다.

고, 비즈니스에 대한 도메인 지식과 그에 따른 완료 조건을 인지하고 코딩할 수 있어야 한다는 것에서 기원한 내용들이었다. 여기서도 나의 머리를 친 것은 '완료 조건'이었다.

'어쩌면 내가 지금 부족하다고 느끼는 이것은 완료 조건에 대한 부족한 이해 때문이었을지 모르겠어!'

메이커들이 좀 더 '우리가 왜 이런 프로젝트를 하고 있는지'에 대해서 알고 구체적인 사용자의 이용 방식에 대해서 인지한다면 기획자가 혼자 기획하는 것보다 훨씬 더 좋은 프로덕트를 만들어 낼 수 있다는 것은 애자일 사상에서 가장 많이 이야기되는 형태다. 그리고 그런 것을 잘할 수 있는 팀이 바로 프로덕트팀이었다.

'왜 프로덕트팀을 하고 PRD를 쓰고 있는데도, 메이커들의 자유도를 더 높이지 못하는가'에 대한 고민에는, 여전히 기존 습관대로 지나치게 많은 것을 기획하고 있는 것이 문제라는 답을 내릴 수 있었다. 그저 화면설계서의 디테일을 유저 스토리(User Story) 양식으로 바꿨을 뿐이었다.

참고로 유저 스토리는 사용자의 목표를 위해 수행하는 작업(Task)을 적어 놓는 요구 사항 형태의 문장이다. 일반적으로 아래와 같은 형태로 쓴다고 알려져 있다.

> (User) can do _____, so that _____.
> (사용자)는 _____를 위해서, _____를 할 수 있다.

그리고 여기에 '완료 조건'이라고 해서 이 유저 스토리가 구현되었을 때 목표에 맞게 달성했다고 생각되는 조건들을 설정한다. 교과서적인 설명에서는 이 정보들을 테스트 케이스(test case)처럼 활용한다는 이야기도 있었다. 그래서 나는 이 조건이 정말로 테스트 케이스라고 오해했었다. 수많은 문서에서 완료 조건을 설명할 때 이런 문장 구조를 보여 준다.

> (given) _____, (then) _____.
> (어떤 상황)일 때, (   )게 된다.

조건을 설정하고, 결과를 정의했기에 케이스별로 나눠서 결과를 정의했던 기존의 테스트 케이스라고만 생각했다. 그래서 테스트 케이스는 개발이 끝나 갈 때 썼던 대로만 생각하고 작성하지 않았었다. 유저 스토리를 작성하는 시점에 완료 조건을 미리 작성할 생각을 크게 하지 못한 것이다. 하지만 이 두 번의 이벤트를 겪으면서 완료 조건은 내가 유저 스토리에 욱여넣고 있던 요구 사항의 스펙(spec)을 담는 진짜 그릇이고, 이를 통해서 개발자들에게 '모로 가도 서울'식으로 완료 조건을 달성할 수 있는 자율성을 만들어 줄 수 있다는 것을 깨달았다.

내 유저 스토리에는 완료 조건에나 들어갈 상세한 스펙을 적을 곳이 없었다. 또 유저 스토리의 양식에도 맞지 않으니 자꾸 유저 스토리의 하위 스토리로 스펙을 구구절절 적어 둔 상태였다. 그 때문에 화면설계서의 디스크립션(description) 영역처럼 나의 결정의 디테일이 너무 깊어졌고 프로덕트팀의 장점을 희석시키고 있었다. 게다가 스펙 중심의 나열로 유저 스토리의 고유 목적인 '사용자가 얻으려는 가치'를 보여 주지도 못했다.

실제 프로젝트에서 사용했던 유저 스토리를 보여 줄 수는 없지만, 만약 이커머스 주문서의 배송지 영역에 대한 부분이라면 이런 변화가 필요하다고 예를 들 수 있겠다.

잘못 쓰고 있던 유저 스토리

Epic : 사용자는 주문서에서 주소지를 목록에서 선택할 수 있다.

Story1 : 주소지 변경 버튼을 누르면 기존에 등록한 목록을 볼 수 있다.

Story2 : 주소지는 한 개는 꼭 선택해야 한다.

Story3 : 주문서 진입 시에는 마지막에 주문했던 배송지 주소를 디폴트로 세팅해 준다.

변경되어야 하는 유저 스토리

Epic : 사용자는 주문 시 다양한 주소지로 편리한 세팅을 할 수 있도록 주소지를 목록에서 선택하여 변경할 수 있다.

AC1 : 주소지 변경을 위해서 기존에 등록한 주소지 목록을 확인할 수 있다.

AC2 : 주소지 한 개 설정은 필수 값이다.

AC3 : 주문서 재진입 시 마지막에 주문했던 주소지가 배송지로 디폴트 세팅된다.

차이는 작지만 컸다. 유저 스토리는 사용자의 가치를 더 중요하게 보여 주기에 메이커들에게 유저 스토리만으로도 사용자를 더 잘 이해할 수 있도록 전달할 수 있었고, 기존의 동작과 정책이 뒤섞여 있던 하위 스토리들은 완료 조건이 되면서 좀 더 명시적으로 쓸 수 있게 되었다. 또 구체적인 버튼을 누른다는 식의 설명은 동작이 아닌 완료 조건이기 때문에 제외할 수 있었고, 이 덕분에 디자이너에게 버튼을 강요하지 않고 더 새로운 UI를 고민할 자유도도 열어 줄 수 있었다. 여러 책에서 다루고 있는 내용이었지만, 실제로 활용해 본 경험은 책 속에만 머물러 있던 지식을 살아 있는 나의 역량으로 만들어 주고 있었다.

깨달음을 얻은 뒤, 나는 하나의 프로덕트팀과 집중해서 일하는 방식을 함께 맞춰 나갈 기회가 필요하다는 것을 실감했다. 기존의 상품, 주문/클레임 도메인을 동시에 하기보다는 한쪽에 집중할 때라고 생각했다. 때마침 리더들도 동일한 생각을 했던 것 같다. 내가 아는 한 가장 자애로운 개발 리더인 제이는 나에게 주문/클레임에 집중하고 스크럼과 스프린트 설계에도 좀 더 직접적으로 참여하여 프로덕트팀 내의 호흡을 맞춰 나가 보자고 제안했다. 마침 상품팀의 주니어였던 서리가 어느새 성장해서 혼자서도 잘 해 나가고 있었기에 서로 각자 집중하는 것이 가능했다. 나 역시 적극적으로 하나의 프로덕트팀 내에서 함께 일하는 방법을 경험해 보기로 했다.

그렇게 두 번째 맞이한 신년은 아주 희망찼다. 주문/클레임 프로덕트팀 내에서 서로 함께 성장하는 운영 패턴을 만드는 것을 목표로 잡을 수 있었다. 드디어 크로스펑셔널팀에서 제대로 일해 봤다고 당당히 말할 수 있는 시점이 왔다는 생각에 마음이 기뻤다.

- **화면설계서** : 폭포수 프로젝트 환경에서 UI 화면 단위로 구성과 형태를 정의하기 위해서 사용하는 문서이나, 기획 과정에서 정의한 정책을 모두 포함한다. 이 문서를 바탕으로 이후 개발, 디자인이 진행되기에 문서의 완결성이 중요하다. 과거에는 파워포인트 정리 방식으로 고착화되어 있다가 최근에는 피그마(Figma)로 UI 구성 설계 후 옆에 설명을 쓰는 형태로 많이 변화하고 있다.

- **PRD(Product Requirement Document)** : 폭포수 방법론의 요구 사항 정의서인 화면설계서와 대칭되어 국내에서는 애자일 방법론에서 요구 사항을 정의하기 위해서 사용하는 문서로 통용된다. 화면보다는 내러티브가 있는 문장 형태의 문서로서 기업 내의 비전과 전략 등의 배경부터 시작하여 프로젝트까지 일관성 있게 정렬(alignment)이 잘되도록 보여 주며 이 문서 내에서 개발에 필요한 요구 사항은 유저 스토리의 형태로 정의되는 경우가 많다. 유사한 문서로는 아마존의 6페이저가 있다.

- **유저 스토리(User Story)** : 개발해야 할 서비스의 가치와 기능을 인지할 수 있도록 나타내는 요구 사항 작성법이다. '사용자는 (가치)를 위해서, (테스크)를 할 수 있다'라는 형태로 쓴다. 구체적인 UI의 형태나 구체적인 개발 로직 등을 명시하지 않기 때문에 개발자와 디자이너의 적극적인 참여와 자유도를 중요시하는 애자일 사상을 바탕으로 한 방법론에서 주로 사용된다. 단, 유저 스토리는 사용자의 목표와 행동에 집중하다 보니 개발적으로만 판단해야 하는 구체적인 조건에 따른 결과를 명시하기 어렵다는 단점이 있다. 그래서 유저 스토리를 쓸 때는 완료 조건을 함께 사용하여 구체적으로 프로덕트가 갖춰야 하는 기능의 결과에 대해서도 명시한다.

드디어 Why로 시작하는
크로스펑셔널팀을
운영하다

13

□
○

나의 유저 스토리 활용기

조금씩 감을 잡아 가며 이 환경에서도 업무를 잘하기 위한 힌트를 얻자 좀 더 의욕적으로 일할 마음이 들었다. 너무나 운이 좋게도 개발 리더인 제이가 이미 만들어 둔 팀에서는 공식적으로 내가 프로덕트 오너로 함께 하는 첫 번째 사람이었고, 다 함께 일에 대해서 고민하고 일하는 방식을 팀별로 만들어 갈 수 있는 문화였기에 나는 원하는 바를 시도해 볼 수 있었다. 그렇게 6개월. 대형 프로젝트 하나를 20주간 진행하고 난 뒤 나는 사내 발표 세션에서 한 가지 주제로 발표를 하게 됐다. 〈회고와 개선을 좋아하는 주문팀의 좌충우돌 유저 스토리 활용 사례〉였다. 발표의 부제도 있었다. '발전하는 주문팀의 팀 빌딩 과정과 그 안에서 함께 자란 PO 성장 과정'이었다.

그리고 이 주제로 6월에는 대외 인원들을 초대한 회사의 콘퍼런스로 한 번 더 발표했고, 이듬해 2023년에 애플 개발자 콘퍼런스(KWDC)에서 회사의 허락을 받아 자료를 한 번 더 공유할 수 있었다. 이 발표 내용은 회사 블로그에도 박제되었다.

　나도 처음에는 프로덕트 오너와 애자일 방법론을 문서 형태로 적용하는 과정에서 어려움을 느꼈다. 프로젝트를 Why로부터 출발하게 만드는 문서인 PRD와 유저 스토리 방식으로 요구 사항을 정의해 둔 문장은 모두 메이커들의 자유도를 높이고, 그들이 전문성을 발휘해 더 효과적인 결과를 만들게 하기 위해서다. 그러나 내가 초기에 작성한 건 노선으로 만든 화면설계서에 지나지 않는 경우가 많았다는 것을 솔직하게 고백할 수밖에 없다.

　회사에서 주최한 유저 스토리 관련 대외 콘퍼런스를 진행하기에 앞서 사전 질문을 받았을 때, 정말 많은 사람들이 유저 스토리를 제대로 이해하지 못한다는 사실을 깨달았다. 경험하지 않고 여기저기서 흘려들은 정보는 내가 과거에 그러했듯 사람들에게 흡수되지 못하고 휘발되고 있었다. 질문을 던진 사람들은 유저 스토리를 어디서 많이 본 단어로는 인식했지만, 사용자의 사용 이유가 되는 유즈 케이스(Use Case)나 사용자의 구분 이유(예를 들어 사용자의 등급이나 나이)가 되는 유저 케이스(User Case)와도 혼동했다. 내가 그랬듯이 화면설계서의 디스크립션과 혼동하는 것은 그나마 나은 상황이었다.

　새로운 툴이었던 유저 스토리를 프로젝트에 직접 활용했을 때 발생하는 구체적인 문제점을 분석했다. 크게 두 가지 문제가 있었다.

　첫 번째는 프로젝트 하나를 Jira의 에픽(Epic) 티켓 한 개로 생성했는데, 이 문장이 담고 있는 범위가 너무 커서 실제 여러 번의 부분적인 개발이 끝났음에도 티켓이 종료되지 않아 그 진척도를 파악하지 못했다는 것이다. Jira는 애자일한 업무 관리를 위해 시스템적으로 스크럼이나 스프린트별 백로그를 생성할 수 있도록 지원해 주는 가장 유명한 툴이었다. 그런데 Jira를 이용했음에도 티켓을 따는 방식이 폭포수 방식처럼 직무별 담당자만 지정한 방식이었기에 기존에 일하던 폭포수 방식에서 전체 프로젝트가 종료되는 것과 사실상 같은 방식이 되어 버린 것이다. 덕분에 스프린트 몇 개에서 미리 릴리즈한 것을 통해서 이후 무엇을 해야 할지 학습한다거나 개발 완료까지 진척률을 잘 인식하고 있다는 느낌을 받지 못했다.

두 번째가 정말 근본적인 문제였다. PRD를 리뷰하고 한창 프로젝트를 진행하다 보면 메이커들이 국지적인 내용에 집중해서 검은 바탕에 흰 글씨로 코딩하며 개발하는 모습을 볼 수 있다. 그러다 보니 메이커들에게 사용자 관점의 최종적인 개발 목표를 다시 중간중간 환기시키기 어려웠다. 이 때문에 처음에 리뷰하고 이야기했던 비즈니스와 사용자의 이야기를 프로덕트 오너가 무던히 반복해서 공유해야 했다. 경우에 따라서는 프로덕트 오너인 나조차 지엽적인 정책 이야기를 하다 보니 비즈니스와 사용자에 대한 고려 사항이 개발 기간 동안 약간 잊히는 문제가 있었다. 목표를 모른 채 프로젝트만 수행하는 행위는 내가 우물을 빠져나가고 싶게 만든 키포인트였는데!

그래서 내가 택한 첫 번째 해결책은 이 문제점을 해결할 타인의 방법을 스터디하고 팀 내에 빠르게 적용해 보는 거였다. 여기서 '타인'은 실리콘밸리의 프로덕트 매니저들로, 그들로부터 도움을 받아야 된다고 생각해 Medium.com에서 효과적인 유저 스토리 활용에 대한 키워드로 많은 아티클을 읽었다. 그리고 거기서 얻은 팁을 팀원들과 공유하고 2주마다 있는 회고와 신규 스프린트 설계 시점에 반영해 보자고 논의했다.

제일 먼저 적용한 것은 '에픽 쪼개기(187쪽 참고)'였다. 유저 스토리라고 착각하며 욱여넣고 있던 케이스별 구체적인 정책들을 모두 완료 조건으로 보냈다. 그리고 나니 유저 스토리는 정말로 사용자의 관점과 방향성을 담을 수 있도록 심플하게 써지기 시작했다. 하지만 그 문장이 담고 있는 프로젝트 사이즈가 너무 방대해졌다. 그래서 이를 해결할 수 있는 방법을 찾았고 그게 바로 에픽 쪼개기였다.

쪼개진 에픽과 유저 스토리

에픽 쪼개기에 대한 여러 가지 아티클을 보면서 처음에는 혼란스러웠다. 프로젝트의 목표를 모두 볼 수 있는 단 하나의 유저 스토리를 쓰는 것과 에픽을 쪼개는 것이 어떻게 공존할 수 있는지 이해하기 힘들었다. 그러던 중 한 아티클에서 생각지도 못했던 중요한 포인트를 이해하게 됐다. 바로 프로젝트에 들어가기 전까지 백로그 상태에서는 한 문장으로 된 유저 스토리로 두다가, 프로젝트에 들어갈 때 스프린트 단위로 개발 가능한 작은 단위의 유저 스토리로 에픽을 쪼개라는 것이었다. 아티클의 제목도 〈호메로스도 부러워할 유저 스토리 에픽 쓰는 법〉이었는데, 단편적이었던 유저 스토리의 작성과 활용을 시점에 따라 입체적으로 볼 수 있게 도와줬다.

완료 조건도 자연히 쪼개진 에픽 유저 스토리에 따라서 나눠졌다. 나는 엑셀 시트를 활용해서 쪼개진 에픽들과 하위의 스토리를 구분하고, 이에 따른 각각의 완료 조건을 정리했다.

그리고 메이커들의 충분한 자유도를 높일 수 있도록 유저 스토리와 완료 조건만 있는 상태에서 하루 동안 전체 프로젝트에 대한 이해도를 높이는 워크숍을 진행했다. 디자이너, 백엔드 개발자, 프론트엔드 개발자가 모두 모여서 유저 스토리와 완료 조건을 읽고 함께 해석하며 필요한 개발 범위와 간단한 구조, 소요 시간 등을 추정했다. UI에 대한 설계도가 그려진 화면설계서 없이 기획을 하고 정말 완벽하게 How에 대해서 메이커에게 자유도를 넘겨주는 순간이었다.

이 유저 스토리와 완료 조건을 Jira 티켓의 생성과 일치시킨 뒤 프로젝트 관리를 시작했고, 대형 프로젝트를 나타내는 단 한 개의 에픽은 총 에픽 36개와 하위에 스토리 85개로 정리됐다. 그리고 작업자들이 직접 자신의 작업 범위 티켓을 따면서 작업을 시작했다. 종료 시에는 작업

티켓 229개가 유저 스토리 구현을 위해서 생성됐다. 이를 스토리 단위로 배포했고, Jira 티켓의 상태를 활용하여 프로젝트 상태도 관리했다.

이렇게 운영해 본 결과 꽤나 의미 있는 성과를 얻었는데, 일단 일정지연 없이 목표한 바를 이룰 수 있었다. 약 20주 동안 프로젝트가 진행되면서 추가로 발견된 티켓의 수가 많지 않았고, 모양 자체가 굉장히 이상적인 프로젝트 관리가 되었다.

최종 오픈 전에도 팀 전체가 모여서 유저 스토리와 완료 조건을 함께 읽으면서 제대로 빠짐없이 의도대로 개발되었는가를 체크했다. 타 팀 연결 부분이나 이슈, 누락 등을 검토하기에도 유용했다. 긴 시간 프로젝트를 하다 보면 성과를 보기 전에 지치기 쉬운데, 오픈 직후에도 우리가 얼마나 많은 것을 만들어 냈느냐를 바로 알 수 있어서 새로운 경험이었다.

무엇보다도 제일 기쁜 점은 이런 방식으로 진행하는 것이 의도한 목표대로 프로젝트 진행 중 사용자의 의도와 흐름을 메이커들에게 잘 전달할수 있었다는 점이었다. 백엔드 개발자 중에 마스코트 같은 존재인 니콜이

Epic	User Story	Acceptance Criteria	how to?	Estimation (Client) 스토리 포인트	Estimation (Server) 스토리 포인트	비고	티켓 링크
대표 에픽 유저 스토리	하위의 스토리(개발 전에 세분화해 정리한다) 타 프로덕트팀이 진행 범위는 dependency로 명시한다.	각 스토리의 구체적인 완료 조건 (케이스, 정책)	스토리 리뷰 시 개발에서 필요한 내용 분석 메모			미정의 사항, 고려 사항	Jira 티켓의 연결
고객은 장바구니에서 해외 배송 상품을 담을 수 있다.	고객은 배송 지역을 지그재그(JP) 또는 지그재그(US)로 설정하면, 해당 배송 지역에 주문을 위한 장바구니를 인지하고 상품을 담을 수 있다.		- gql(api2, api-ec): 장바구니를 담을 때 country 추가 - app : 헤더에 국기 표시	0	8		
	고객은 장바구니에서는 현재 접속한 사이트컨트리에서 담지 않은 상품은 볼 수 없다.			0	0		
	고객은 장바구니에서 자신이 사용하는 사이트컨트리가 잘못된 것을 인지하면 변경하러 배송 지역 설정창으로 이동할 수 있다.		- app/web : country != kr -> "배송 지역 이동" 버튼 활성화 (헤더 담당 논의 필요)		0		
	내부의 운영자는 해외 배송의 주문 가능 금액을 사이트컨트리별로 개발을 통해서 변경할 수 있다.	- 오픈 시점 : 미국 XX$, 일본 XXXJPY	- server : 주문 가능 금액을 관리하러 고조회할 수 있도록 제공		4		
	dependency [PDP] 고객이 해외 배송 주문을 하러고 PDP에서 볼 때 기준 금액 이하의 상품의 경우, 장바구니로 이동된다.	AC1 : PDP에서도 주문 기준 금액을 판단할 수 있어야 한다.	- gql : 주문 가능 금액을 조회할 수 있도록 제공		8		
	고객은 장바구니에서 선택한 상품들의 합이 대한 상품 판매 대금 + 국내 배송비 + 해외 배송비의 합을 볼 수 있다.	AC1 : 고객은 해외 배송의 프로세스를 이해하고, 해외 배송비가 변경될 수 있음을 이해할 수 있다. AC2 : 고객은 모든 외화 표기 비용이 실제 결제 대금과 다소 상이할 수 있다고 인지할 수 있다. AC3 : SCM에서 제공하는 API를 통해서 해외 배송비를 계산받는다.	- gql : *_amount_with_currency 등 추가 (환율은 결제 시 정보를 결제 서비스에서 가져와야 함) '은 아이템, 국내 배송비, 해외 배송비 -web : 국내 배송비, 해외 배송비 표시	8	24		
	dependency 고객은 장바구니에서 셀러별 발행된 쿠폰의 적용이 가능하며, 이에 대해서는 UTC를 기준으로 전 세계에서 동일한 기간 동안 사용이 가능하다.		- 없음	0	0		
	고객은 국제 배송비 가이드 툴팁을 볼 수 있다.		- web : 국제 배송비 가이드 툴팁 표시	8	0	페이지별 형태와 문구 정의 및 일정 확정 필요	

(양식) 쪼개진 에픽과 하위 스토리 구조, 그리고 완료 조건 정리하기.

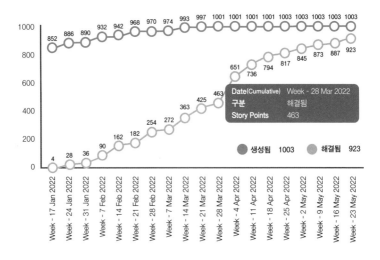

스토리 포인트 생성-해결 차트.

확실히 기능 개발의 영향도를 더 쉽게 파악할 수 있다고 평을 해 주었다. 어쩐지 이제 흉내 내기가 아닌 나답게 일을 해 나가고 있는 것 같아서 기쁘고 뿌듯했다.

하지만 새로운 방식을 적용해서 일을 하다 보니 단점도 발견됐다. 20주간 계속해서 2주 단위로 스프린트가 끝날 때마다 회고를 하며 팀 내에서 소통하는 방식을 업그레이드해 갔는데 그러면서 알게 된 것들이 있었다. UI 설계와 개발 간의 시차 문제였다. 제일 먼저 만난 어려움은 유저 스토리만 보고 디자인하는 것이 익숙하지 않은 디자이너의 경우 소통이 많이 필요하다는 것이었다. 그리고 유저 스토리만 덜렁 있는 이 방식은 디자인 산출물이 나오기 전에 프론트엔드 개발의 스펙을 추정하고 상세 정책을 동시에 적용하기 어려웠다. 그리고 디자인이 완료된 후에야 프론트엔드 개발이 가능했기 때문에 하나의 스프린트에서 한 개의 에픽 티켓으로 생성된 레벨의 유저 스토리를 한 번에 종료할 수가 없었다. 하나의 에픽 레벨의 유저 스토리의 개발을 진행하려면 최소 두 개의 스프린트에 나눠서 앞에 스프린트에서는 백엔드 개발과 디자인이 완료되고, 그다음 스프린트에서 프론트엔드 개발이 시작되어야 서로 기간 지연 문제가 발생하지 않았다. 하지만 한 개의 스프린트는 2주나 되기 때문에 전체적으로 보면 스프린트 내에서 시간 손실이 보이긴 했다.

그리고 기획적 정책 사항 관리의 어려움도 있었다. 문장으로 적힌 변경 사항이 생길 경우 최초 논의했던 엑셀 시트와 Jira 티켓에 있는 내용을 모두 변경해야 했다. 한쪽만 변경될 경우 나중에 추적이 어려워서다. 마지막으로 QA(오픈 전 테스트, Quality Assurance)를 위한 별도의 테스트 인원들이 기획 내용을 확인하고자 할 때 유저 스토리와 완료 조건만 보고는 UI 동작의 상세 정책은 알 수가 없어서 디자인된 최종본으로 리뷰를 한 번 더 해야 했다. 아예 프로젝트 초기부터 테스트 인원들도 팀에 포함되지 않는 이상 커뮤니케이션 시간이 많이 필요했다.

이 발표가 끝났을 때, 정말 많은 질문이 있었는데 외부 참석자 중 한 명의 질문이 가장 기억에 남는다.

"팀에서 새로운 일하는 방식으로 전환하는 데 힘들진 않으셨나요?

어떻게 설득을 하셨나요?"

나는 이 질문이 모든 것의 핵심이었다고 생각했다. 나의 우물을 느낀 순간부터 탈출, 그리고 적응, 변화의 노력까지 모든 것은 '일하는 방식의 전환과 적용'이 핵심이었다. 내가 이 회사에 와서 상품팀을 만나서 감을 잡고, 주문팀에서 함께 일하는 방식을 맞춰 갈 수 있었던 것은 일하는 방식을 팀원들과 함께 만들어 갈 수 있는 환경을 만난 덕분이다. 물론 그럴 수 있을 만한 환경을 내가 열심히 물어보고 찾았던 것도 있지만.

프로젝트의 성공 여부를 떠나서 새롭게 배운 내용을 적용하고 팀원들과 함께 일하는 방식을 맞추고 또 그 단점을 알게 된 과정은 상당히 고무적이었다. 1년 넘는 시간을 거쳐 나는 그렇게 애타게 원했던 크로스펑셔널팀에서의 경험을 진짜 나의 경험으로 만들 수 있었고, 이는 내게 큰 의미로 다가왔다. 여러 차례 사내외에서 발표를 할 수 있을 만큼 내가 새로운 방식에 대해서 경험을 만들어 내고 고민한 시간이 스스로 만족스러웠기 때문이었다. 그런 뿌듯함을 안고 대답을 했다.

"팀 내에서 일하는 방식은 크로스펑셔널팀 형태인 프로덕트팀 내에서 함께 협의해서 팀별로 맞출 수 있기 때문이에요."

꽤나 크로스펑셔널팀을 겪어 본 사람 같은 대답이었지 않았을까. 한

창 이 프로젝트를 준비하며 에픽을 쪼개고 있던 때, 나는 나에게 모든 시작점을 준 교보문고 리뷰어에게 답장을 보냈다. 고맙다고, 그리고 덕분에 성장했노라고.

현업 기획자 도그냥이 알려주는 서비스 기획 스쿨

★★☆☆☆ 잘 읽혀요
hh**ungyu | 2020.07.20.

서비스 기획 업무 입문서로는 보기 좋다. 그러나 필자는 프로덕트 매니저와 서비스 기획자를 동일시하는데, 롤은 명백하게 구분이 가능하다. (그러다 보니 프로덕트 매니저에게 제품의 CEO란 표현을 쓰기도 한다.)

프로덕트 매니저의 경우는 목표 설정, 제품 전략, 문제 정의(발굴), 솔루션, 우선순위 결정, 실행, 제품팀의 관리 등에 더 무게를 둘 수 있다.

즉 프로덕트 매니저는 Why와 What을 고민하는 게 주 역할이라면, 한국에서 말하는 서비스 기획자는 How 즉 어떻게 만들 것이냐에 초점이 맞춰져 있다. 즉, 문제 발굴과 실행을 구분해서 롤을 바라봐야 하는데 필자는 대기업의 서비스 기획자의 경험만 있다 보니, 크로스펑셔널한 제품팀에서의 프로덕트 매니저의 경험이 없다. 이 부분에서 프로덕트 매니저와 서비스 기획자에 대한 구분을 명확히 못 한 게 아쉽다.

♡20 ⬜2

공감댓글 (2)

wi**ydog | 2022.02.17.

안녕하세요 저자입니다! 2020년 이 댓글을 보고 그해 10월에 크로스펑셔널팀에서 일하는 방식에 대해서 배워야겠다는 생각에 이직하여 프로덕트 매니저로서 프로덕트팀에서 1년 반째 일하고 있습니다. 말씀하신 차이가 궁금했는데 운 좋게 좋은 팀도 만나고 공부해서 지금은 어느 정도 이해가 가네요. 덕분에 많이 성장했어요. 오늘 콘퍼런스에서 서비스 기획자에서 크로스펑셔널팀에 온 뒤 겪은 어려움과 마인드적 차이에 대해서 발표하면서 이 리뷰 이야기를 했습니다. 생각난 김에 감사 남기고 갑니다. 그리고 다음에 개정판이나 다른 책에서 이 차이도 더 깊이 있게 다루려고 합니다. :) 다른 책에선 별 5개 주세요!

돋보기 힘들게 깨달은 유저 스토리 작성 팁 4

첫째, 유저 스토리가 육하원칙에 따라 쓰였는지,
'왜'도 쓰였는지 꼭 확인해 봅시다.

사람은 양식에 매몰되기 쉽습니다. 그리고 직역은 문제를 일으키죠.

"As (user), I want __, so that~"를 직역하면 "사용자로서, ~를 위해서 나는 __
하고 싶다"라고 되는데 이 문장으로 사용자의 동작을 작성하려고 하면 뭔가 묘
하고 애매하게 느껴집니다. 왜냐하면 기존의 디스크립션은 '의도'가 아닌 '행위의
완료된 형태'를 기준으로 썼고, 머릿속에 서비스의 형태를 그림으로 잡아 둔 경
우에는 정말 쓰기 어려웠기 때문입니다.

다 집어치우고 한국어로 생각할 때는 원래 문장에서 딱 두 가지를 중요시한다
는 것만 생각하면 됩니다. 바로 '사용자의 의도'와 '사용자의 행위'에만 초점을 맞
추자는 것. 그리고 '하고 싶다'라는 것을 '할 수 있다'로 바꾸면 행위 자체를 좀 더
잘 표현할 수 있습니다.

그것조차 힘들다면 그냥 육하원칙에 맞춰서 써 봐도 좋습니다. '누가, 언제, 어
디서, 무엇을, 왜, 어떻게'에 맞춰서 유저 스토리를 쓴 뒤에 '왜'와 '어떻게'의 연관
관계를 잘 보면 되는데요. 이 두 가지가 서로 순환 논리에 빠지지 않아야 합니다.
'저장하기 위해서 저장 버튼을 누른다'는 매우 말이 되는 것처럼 보이지만, 사실

은 근본적인 사용자의 의도를 전혀 고려하지 않고 있는 문장입니다. 사용자가 저장을 하는 이유는 따로 있습니다. '게시판에 글을 올리기 위해서'라든가 아니면 '잘못된 정보를 수정하기 위해서'와 같은 것들이 있어야 하죠.

'왜'는 유저 스토리를 통해서 메이커들에게 비즈니스와 사용자에 대한 이해도를 높여 주는 키포인트입니다.

둘째, 유저 스토리의 행위 형태에서
UI 형태는 가급적 자제합니다.

유저 스토리를 쓰는 이유 중 하나는 메이커인 디자이너와 개발자의 자유도를 높여서 그들의 전문성이 서비스를 만드는 과정에 더 많이 들어갈 수 있도록 하기 위함입니다. 그게 바로 애자일 사상이니까요.

그런데 내 유저 스토리의 '어떻게'에 대한 부분에 '버튼, 셀렉트 박스, 스와이프, 라디오 버튼' 등 UI의 형태에 대한 내용이 너무나도 구체적으로 계속 명시되고 있다면 이건 자유도를 제한하고 있다는 뜻입니다. 글로 쓴 화면설계서 디스크립션이 되어 버리는 것이죠.

셋째, 시작부터 Task를 위한 유저 스토리가 여러 줄 나오고 있다면,
유저 스토리와 완료 조건을 헷갈리고 있는 것입니다.

유저 스토리와 완료 조건에 대한 관계는 1:N입니다. 예전에 화면설계서 디스크립션으로 들어가던 케이스별 정책 정의나, 분기 처리/예외 처리는, 유저 스토리 방식에서는 유저 스토리가 분리되는 것이 아니라 완료 조건으로 분리되어야 합니다. 최초에 PRD를 쓸 때 유저 스토리는 가급적 문장 한 개로 정리하고, 완료 조건에서 플로(flow)를 쪼개든 스펙을 상세화하든 해야 합니다.

만약 '사용자는 방금 결제까지 마친 주문에 대해서 구매 의사가 없어져 환불 받기 위해서 마이페이지에서 주문의 취소 요청을 할 수 있다'라는 유저 스토리가 있다면, 완료 조건은 아래처럼 세분화해서 작성할 수 있습니다.

- 고객 변심에 의한 부분 취소일 경우, 잔여 상품의 배송비에 대해서 재계산을 하여 부과할 수 있다.
- 셀러가 아직 주문을 체크하지 않은 경우, 즉시 취소 완료 처리된다.
- 셀러가 주문을 체크해서 배송을 준비하고 있는 경우, 셀러의 승인을 받아야 취소 완료 처리된다.
- 셀러가 주문 취소를 거부한 경우, 주문은 자동으로 다시 취소 요청 이전 상태로 돌아간다.

이 모든 문장은 처리의 결과에 대한 스펙이기 때문에 유저 스토리가 아니라 완료 조건입니다.

넷째, 만약 유저 스토리 하나가 차지하고 있는 개발 범위가 너무 클 경우, 유저 스토리를 여러 개의 에픽으로 쪼개서 스프린트를 분리하여 릴리즈할 수 있습니다.

유저 스토리를 하나의 문장으로 적다 보면, 그 완료 조건의 양이 무수히 커지는 경우도 존재합니다. '사용자는 인근의 배달 가능한 식당의 정보를 찾고 음식을 먹기 위해서 쿠팡이츠를 사용할 수 있다.' 이런 어마어마한 유저 스토리가 존재한다고 치면, 이건 거의 하나님의 창세기를 모티브로 한 문장에 가깝죠. '태초에 쿠팡이츠가 있어라' 한다고 개발이 돼서 뿅 하고 나오진 않습니다. 그렇다면 그때 해야 하는 것은 무엇일까요? 바로 **에픽 쪼개기**입니다.

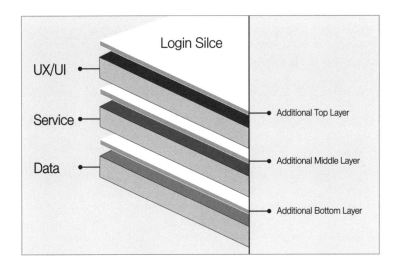

에픽을 쪼갤 때는 마치 홀케이크를 자르듯이 사용자의 목적과 Task를 기준으로 잘라야 합니다. 기준에는 여러 가지가 있지만 적어도 동작이 되는 기준으로 잘라야 하죠. 이 역시 스프린트 하나로는 말도 안 되게 큰 범위지만 위의 유저 스토리를 이렇게 에픽으로 쪼개 볼 수도 있습니다.

- (전시) 사용자는 자신의 지역에 있는 음식점만 배달을 받을 수 있기 때문에, 해당 지역을 세팅하여 식당 리스트를 볼 수 있다.
- (주문) 사용자는 음식을 주문할 때 편하게 받기 위해서 비용을 내고 배달받을 수 있다.
- (주문) 사용자는 음식을 주문할 때 인근에는 배송비를 절약하고 직접 찾으러 갈 수 있다.

아주 일부만 적어 봤는데 핵심은 이렇습니다. **독립적으로 구현 가능한 단위로 나누고, 프로세스를 횡적으로 쪼개야 한다는 것.**

전시와 주문 중 전시만 있어도 일단 앱 자체의 콘셉트를 보여 줄 수 있습니다. 초창기 배달의민족처럼 리스트만 보여 줘도 앱의 정보 전달 기능은 제공할 수 있죠.

우리가 주문서를 기획할 때를 생각해 봅시다. UI를 생각해서 미리 배송 옵션으로 배달과 픽업을 선택한다고 생각하고 기획을 하면, 전체 스토리라인을 종적으로 쪼개 버릴 수 있습니다.

- 잘못된 쪼개기의 예 : 사용자는 음식을 주문할 때, 배달과 픽업 중 하나를 선택할 수 있다.

위의 문장처럼 쓸 경우, 픽업의 이후 프로세스와 배달의 이후 프로세스를 모두 포함하는 말이 되어 버리기 때문에 유저 스토리가 포함하고 있는 에픽의 사이즈가 여전히 큽니다. 이 문장은 전혀 에픽 쪼개기가 되지 않았다고 볼 수 있습니다.

모든 것은 정의로부터_
교과서적인
프로덕트 오너 이해하기

PM과 PO의 해석, 왜 이렇게 다르지?

크로스펑셔널팀으로 함께 일하는 것에 의미를 두며 의욕적으로 PO로서의 두 번째 해를 맞이하고 난 뒤, 3월에 나는 노션에 개인 페이지 하나를 만들었다. 이름하여 〈다른 PO들은 어떻게 일하나〉였다.

시작은 하나의 질문에서부터였다. 그동안 읽은 영어 원서와 국내 서적들이 쌓이면서 내 머릿속에는 큰 질문이 떠다니기 시작했다.

'프로덕트 매니저(PM)랑 프로덕트 오너(PO)가 왜 이렇게 책마다 설명이 다르지?'

분명 내가 과거에 알고 있던 프로덕트 오너는 '비즈니스적 결정을 하는 미니 CEO'였다. 가야 할 방향의 로드맵을 잡고 진두지휘하는 존재라고 이해하고 있었다. 프로덕트 매니저는 주어진 과제로서의 프로젝트를 수행하거나 이미 있는 서비스들을 개선해 가는 역할로 알고 있었다. 하지만 이 해석은 국내서에서는 맞았지만 원서의 경우 정반대일 때가 있었다. 2021년에 읽은 멜리사 페리의《개발 함정을 탈출하라》에 나온 문장들이 너무 달랐던 것이 그 예다. (이 책은 국내에도 번역 출간되었지만 나는 원서로 읽었다.)

Product owner is a role you play on a Scrum team. Product manager is a career.

프로덕트 오너는 스크럼팀의 역할 중 하나입니다. 하지만 프로덕트 매니저는 단순히 역할이 아닌 커리어입니다.

When you look at the role of the product owner in most Scrum literature, the three responsibilities of the position include the following : Define the product backlog and create actionable user stories for the development teams. Groom and prioritize the work in the backlog. Accept the completed user stories to make sure the work fulfuills the criteria.

스크럼 관련 문서에서 프로덕트 오너의 역할을 보면 아래와 같이 세 가지 책임을 지는 직무라고 보입니다. 1) 프로덕트 백로그를 정의하고 개발팀을 위한 실행 가능한 유저 스토리를 쓰는 것, 2) 백로그들에서 일의 순서를 정하고 정리하는 것, 3) 완료 조건을 충족시킨 개발 산출물의 유저 스토리 단위로 완료됐음을 확인하는 것.

Product managers ultimately play a few key roles, but one of the most important ones is being able to marry the business goals with the customer goals to achieve value.

프로덕트 매니저는 궁극적으로 몇 가지 역할을 합니다. 하지만 무엇보다 중요한 업무는 비즈니스 목표와 사용자의 목표를 결합하여 가치를 달성하는 것입니다.

Good product managers are able to figure out How to achieve goals for the business by creating or optimizing products, all with a view toward solving actual customer problems.

좋은 프로덕트 매니저는 실제 사용자의 관점에서 문제를 해결하면서 프로덕트를 만들고 개선하여 비즈니스적 목표를 달성할 방법을 찾아낼 수 있습니다.

The product owners I speak with spend 40 hours a week writing tons of user stories. At that point, you need to ask, are those user stories even valuable? What are they prioritizing them against?

내가 대화를 나눈 프로덕트 오너는 일주일에 꼬박 40시간을 엄청나게 많은 유저 스토리 작성에만 사용한다고 합니다. 이 부분에서 우리가 꼭 짚어 볼 점은 그 모든 유저 스토리가 모두 의미 있을까? 하는 것입니다. 어떤 기준으로 우선순위를 정리할 수 있나요?

How do they know that they will solve a problem? If you have one person Spending that much time witting user stories, every week, you are most certainly in the build trap.

그 유저 스토리를 개발하면 진짜 문제가 해결되는지 어떻게 알 수 있나요? 만약 당신이 매주 너무 많은 시간을 유저 스토리 쓰는 것에 사용하고 있다면, 아마도 '개발 함정'에 빠진 것입니다.

이 글을 보면 프로덕트 오너가 프로젝트 실무자고, 프로덕트 매니저가 방향과 로드맵을 설계한다.

나는 뭐가 진짜인지 확인하고 싶었다. 소위 '글로벌 스탠더드(global standard)'의 정의와 실제 역할이 너무너무 궁금해졌다. 지금 국내에서 PO라는 이름으로 일한 경험이 생겼다는 생각에 알고자 하는 마음은 더 커졌다. 대신에 전에 비해 훨씬 차분하게 그리고 깊게 집중할 수 있었다. 내가 일하는 방식을 바꾸기 위해서 먼저 공부하려고 노력하던 때와 비교해 보면 마음가짐 자체가 달라진 점이 많았다.

과거의 나는 마음이 조급하고 열등감과 자존심이 뒤엉켜 있었다. 나는 마치 신 포도를 대하듯 새로운 일하는 방식을 찾고 읽으면서도 마음 한구석에는 이해하고 싶지 않다는 생각이 자리 잡고 있었다.

'어차피 나는 저렇게 일하고 있는 게 아닌데 뭐.'
'그냥 알고 보면 별것도 아닐 수도 있는데 마음만 쓰는 거 아니야?'

잡생각들은 눈앞의 지식을 놓고도 텍스트에만 머무르며 그 깊이 있는 파악을 가로막았다. 하지만 이제는 달랐다. 무작정 부딪친 현장에서 그 차이를 경험하고 느꼈기에 더 제대로 하고 싶어졌다. 그간 마음고생과 집중을 하면서 비대해졌던 에고는 다행히 바닥까지 내려가며 사라진 상태였다. 또 작은 성공들을 다시금 맛보다 보니 처음 직업인으로 일을 시작했을 때처럼 뇌의 지식 흡수 영역이 말랑말랑해져 있었다.

그렇게 나는 키워드를 타고 다니며 내가 2년간 읽은 책들과 경험한 어려움들, 그리고 익숙해진 용어들을 바탕으로 새롭게 인터넷상의 지식을 모으기 시작했다. 가장 먼저 탐구한 부분은 '왜 국내의 PO와 PM에 대한 인식이 멜리사 페리 책에 나온 PO와 PM에 대한 인식과 비교해 달라졌는가'였다. 이 부분을 탐구하면서 가장 크게 힘을 발휘한 것은 역사적 사료들을 모아 가며 글을 써 내려가는 나의 사학과 기질이었다. 책《대한민국 이커머스의 역사》를 썼을 때처럼 국내에서 '프로덕트 오너'라는 이름이 등장하고 사용되고 퍼져 나가는 과정을 추적했다. 그 과정에서

들은 관련 기업에 종사했던 지인들의 이야기는 스토리의 맥락에 힘을 주었다.

그리고 이렇게 엮어 낸 이야기를 브런치에 하나의 글로 발행했다. 〈K-프로덕트 오너의 탄생론〉이 바로 그 글이다. 국내에만 통용되는 PO의 정의가 어떻게 내려지게 된 것인지 역사적 해석을 통한 나의 담론을 정리한 글이었다. 짧게 요약하면 원래 프로덕트 오너는 애자일 방법론 중 하나인 스크럼에서 등장하는 용어로, 프로덕트팀에 속해서 프로덕트 매니저와 소통하며 직접적으로 프로젝트를 함께 해 나가는 직무자다. 즉, 통상적으로 알고 있는 '리더십을 가지고 가야 할 길을 리딩하는 존재'는 프로덕트 오너가 아니라 프로덕트 매니저인 경우가 더 많았다. 하지만 프로덕트 오너와 프로덕트 매니저의 역할에 대한 정의는 국내에서 뒤바뀌어 널리 통용되고 있다. 이렇게 된 이유에는 첫째로 프로덕트 오너라는 직무명을 유행시킨 쿠팡과 토스가 한몫했다. 두 기업이 정의한 프로덕트 오너의 직무 역할이 더 많이 알려진 것이다. 두 번째 이유는 받아들이는 사람들의 인식에 있었다. '오너(Owner)'가 '매니저(Manager)'보다 높은 사람이라고 느끼는 한국적 인식이 크게 작용한 것이다.

대다수의 사람들은 여전히 우리가 글로벌 스탠더드와 다른 명칭을 쓴다는 사실을 모르는 경우가 많다. 그리고 그 사실을 알게 된 사람들은 프로덕트 오너를 통용시킨 두 회사에 대해서 원망의 말을 던지기도 한다. 가뜩이나 '서비스 기획자'라는 유일무이한 직무명으로 고립됐던 한

국의 이 직무를 가진 사람들이 여전히 직무명을 바꿔서도 똑바로 소통하지 못하고 있기 때문이다. 하지만 난 그 두 기업이 국내에서 어감이 더 강한 '오너'를 선택한 것은 우연이 아니라고 생각한다. 그만큼 일하는 방식의 변경을 강조하고 싶었던 것이라고 생각한다.

일례로 쿠팡은 처음에 분명 서비스 기획자 출신의 기획자들을 뽑았다고 한다. 이어 스크럼 문화를 가져오고 좀 더 비즈니스적으로 효율적인 사고를 가지고 업무를 해 주길 요구했지만 기존의 일하던 방식에 갇혀 있던 사람들이 쉽게 변화하지 못했다. 그래서 쿠팡은 파격적으로 '프로덕트 오너'라는 이름으로 MBA 출신의 IT와 전혀 관계없던 사람들을 선택했다고 한다. 쿠팡이 MBA 졸업생 대상 취업 설명회에 아마존 출신 리더들과 참석했다는 언론 보도도 남아 있다. 당시에 쿠팡을 다니며 일하는 방식을 만들어 간 사람들의 이야기에 따르면 그 선택이 지금의 쿠팡의 성공에 큰 기여를 했다. 그리고 그 성공 방정식은 프로덕트 오너라는 이름과 함께 쿠팡 출신의 리더들을 타고 여기저기로 퍼져 나갔다.

직무의 이름을 바꾸면서까지 얻으려고 한 것은 '일하는 방식의 변화'였다. 그런데 일하는 방식의 변화에 있어 핵심은 '스크럼'이나 '크로스펑셔널팀'이 아니었다. '일에 대한 사상의 변화'였다. 무조건 만들어 내는 것이 아니라 올바르고 필요한 일을 하는 것. MBA 출신을 기용하고 싶었을 정도로 비즈니스적으로 의미 있는 일을 찾아가는 것. 즉, Why에서 시작한 Vision을 위해 기업의 비즈니스에 임팩트를 가져올 프로젝트를 만들어 낼 힘이 필요했던 것이다. 막연하게 '애자일 방법론에 따라 화면설계서를 쓰지 말아야지'라거나 '프로덕트팀을 이끄는 미니 CEO가 되어 내 의견을 전파해야지' 하는 것이 아니라.

그제야 나는 막연히 '크로스펑셔널팀'에서 일하고 '프로덕트 오너'가 되어야 한다는 생각과 그 생각의 기반에 있던 이유를 알 수 없던 열등감이 줄어드는 게 느껴졌다. 두 가지 일의 방식을 경험한 뒤 각 방식을 정의하고 비교할 수 있게 되면서부터였다.

그런데 반대로 이런 생각도 하게 됐다.

'이런 사상의 변화가 핵심이라면, 어떤 조직의 형태에서라도 일하는 사상을 바꿀 수 있다면 우물 안에서 벗어날 수 있지 않을까?'

물론 이상적인 생각이라는 걸 10년 이상 조직 생활을 해 온 내가 모를 리 없다. 조직은 오랜 기간 쌓아 온 문화를 가지고 있고 그걸 쉽게 벗어나긴 힘드니까. 그럼에도 그 차이를 쪼개서 정리해 보고 싶은 마음이 들었고, 닥치는 대로 정보를 찾아가며 〈다른 PO들은 어떻게 일하나〉라는 문서를 정리해 나갔다.

먼저 키워드를 정리했다. 그리고 그 키워드에 해당하는 영상과 자료를 닥치는 대로 보면서 의미 있다고 생각하는 부분을 캡처해 기록했다. 가능하면 누군가 요약정리한 것보다는 이 분야에서 가장 유명한 아마존,

구글, 페이스북에서 일하는 PM/PO들의 영상이나 인터뷰를 보려고 노력했다. 유튜브 채널 〈Product school〉의 영상, Medium.com에 올라온 다양한 사람들의 아티클, 국내 PM/PO 관련 콘퍼런스를 접하며 그들이 일하면서 느끼는 실질적인 노하우들을 정리했다. 그렇게 목차를 하나씩 정리해 나갔다.

머릿속에 떠다니던 고민과 경험의 조각들이 하나씩 뭉쳐지면서 체계가 잡히는 기분이 들었다. 며칠간 퇴근 후 틈나는 대로 노션 페이지를 정리하는 시간을 가졌다. 지루하기는커녕 신이 났다. 번역 자막도 하나 없는 영어 영상을 유튜브 자동 생성 자막을 다운로드받으면서까지 틀린 부분을 꾸역꾸역 추정해서 보고 있는데도 힘이 들지 않았다. 기존에 보던 책들의 내용도 정리하면서 다시 훑어봤다. 내가 경험하기 전에는 짜증 나기만 하던 책의 내용들도 하나하나 더 깊게 와닿았고, 몇몇 부분에서는 박수를 치며 감탄했다. 서비스 기획자로서의 나와 프로덕트 오너로서의 나의 경험들이 결을 같이하며 균형감 있게 비교되기 시작했다. 그 작은 사상의 차이와 스펙트럼을 알게 됐다는 생각에 뿌듯했다.

나는 정리한 노션 문서를 바탕으로 사내 PM/PO 세션 자리에서 발표를 했다. 나의 말로 정리하면서 발표를 하다 보면 머릿속에 체계가 잡히는 것을 다시 한번 느낄 수 있기에 어떻게든 자리를 마련하려고 한다. (물론 이렇게 사내에서 자주 발표할 기회를 가졌다는 사실이 비현실적으로 느껴질 수도 있다. 중요한 시점에 우연히 발표의 기회를 얻은 것도 있었지만, 사내 누군가가 자신의 목소리로 경험을 전파하기를 바라는 조직이 어디에나 있다. 스타트업을 다니기 시작하니 그런 모임들이 더 많았지만 대기업 조직에서도 아예 방법이 없는 것은 아니었다. 4년 차쯤부터 HR을 통해서 신입들이 입사할 때 특강 형태로 경험이나 지식 공유를 했던 적도 있고, 작게는 팀 미팅 전에 짧게 정리된 정보를 공유하는 시간을 가진 적도 있었다. 이번에도 격주로 진행하는 부문 내 PM/PO 회의에서 발표자를 찾을 때 먼저 손을 들고 자원했었다.)

노선 페이지는 그 뒤로도 3년 가까이 된 현재까지 계속 업데이트를 해 오고 있다.

다른 PO들은 어떻게 일하나

✓ 백링크 7개

어떤 공부가 되었든 제일 좋은 방법은 자신의 글과 말로 정리하는 것이라고 생각하는데요. 직무 공부도 마찬가지였습니다. 달라진 업무에서 얻은 경험들이 낯설게 느껴질 때 이를 이해시킬 수 있는 지식을 찾아 가며 함께 정리하고 또 발표하는 과정을 반복하면서 무엇이 다른 것인지 좀 더 명확하게 이해할 수 있었습니다.

〈다른 PO들은 어떻게 일하나〉라는 노션 페이지를 정리한 것은 하나의 분기점이 되었는데요. 한번 머릿속에 키워드 지도가 생기고 나니 이후에는 새로운 상황이나 지식을 알게 됐을 때 연결시키기가 더 쉬워졌습니다. 마음으로는 노션 페이지 전체 내용을 다 공유드리고 싶지만, 하나하나가 설명드리기엔 많은 생략이 필요하고 링크로 연결된 자료의 원작자들 모두에게 양해를 구할 수도 없을 것 같아서 아쉬웠습니다. 그래서 고민 끝에 최종적으로 정리된 목차를 바탕으로 어떤 내용들을 정리했었는지 키워드 중심으로 공유드려 볼까 합니다. (앞의 노션 목차와는 다소 차이가 있습니다.)

목차와 더불어 가급적 원문 링크가 있는 쪽은 보실 수 있도록 소개해 드리려고 하니 직접 여러분만의 정리 페이지를 만들어 보시길 추천드립니다.

1. 프로덕트 매니저, 프로덕트 오너가 등장한 출처와 개념

이 목록에서는 크게 두 가지로 나누어서 원서와 해외 아티클들을 통해서 배운 프로덕트 매니저, 프로덕트 오너의 개념을 정리했습니다. 프로덕트 매니저와 프로덕트 오너의 정의에 대해서는 이 책에서도 인용한 《개발 함정을 탈출하라》라는 책의 정의를 시작으로, 프로덕트 오너라는 어휘가 시작된 애자일 프레임워크 중 하나인 스크럼의 구조와 일하는 방식에 대한 부분을 정리했습니다. 프로덕트 오너와 상응되는 프로덕트 매니저의 역할을 정의하기 위해서는 SAFe에서 이야기되는 프로덕트 매니저의 책임에 대한 부분을 정리했습니다. 또, 프로덕트 오너 관련 콘퍼런스에서 15년 차 구글 PM인 이해민 님의 업무 설명도 참고했습니다.

SAFe에서 말하는 프로덕트 매니저의 책임은 기업 목표를 달성할 수 있는 포트폴리오를 구성하고 애자일 조직이 개발할 수 있도록 협업을 이끌며, 모든 이해관계자들과 사용자(고객)에게 적합하도록 IT 조직과 협업하여 시장에 내놓을 제품을 만들어 내는 역할을 하는 것입니다. 마지막으로는 사용자에게 제품의 가치가 강화되고 이어질 수 있도록 한다고 명시합니다.

반면 프로덕트 오너는 스크럼에서의 용어인데요. 프로덕트팀에 직접 참여하며 요청받은 기능이 적시에 납품되어 제공될 수 있도록 메이커들과 직접적으로 협업하는 사람이라는 이미지가 더 강하다고 정리할 수 있었습니다.

국내에서 한 사람이 모든 역할을 하나의 이름으로 하는 것과 다르게 분리되어 있는 것이죠. 이런 이유로 《개발 함정을 탈출하라》에서 멜리사 페리는 업무가 PM과 PO에게 나누어져 있는 것 자체가 비효율적이라는 점을 지적하기도 합니다.

● 책《개발 함정을 탈출하라》, 멜리사 페리 저, 권혜정 역, 에이콘출판사, 2021.
● SAFe의 프로덕트 매니지먼트의 책임 : https://scaledagileframework.com/
product-management/

2. 국내의 프로덕트 오너에 대한 인식

두 번째 목차에서는 국내에서 해외와 정반대로 되어 있는 PM/PO에 대한 인식을

확인하고 서비스 기획자와 국내 PM/PO라는 이름이 퍼진 히스토리를 추적했습

니다. 히스토리는 실제 근무했던 당시의 사람들의 이야기, 그리고 국내 프로덕트

오너의 정의를 만드는 데 일조한 쿠팡과 토스에서 언론에 노출했던 이미지와 시

점을 중심으로 기술했습니다.

또 쿠팡과 토스 출신의 PO들이 직무를 설명했던 자료와 그들의 이동 경로에

따라서 직무명이 퍼진 과정도 함께 조사했습니다.

● 도그냥 브런치 글 〈한국형 K-Product owner의 탄생론〉 : https://brunch.co.kr/@
windydog/592

3. 다른 프로덕트 오너들은 어떻게 일하나

본격적으로 업무상 필요한 개념들과 업무 순서 등에 대해서 하나하나 조사하여

정리한 목차입니다.

3-1) 프로덕트 정렬

유튜브 채널 〈Product school〉에서 현직 실리콘밸리 시니어 프로덕트 매니저들의 웨비나(webinar, 화상 토론)를 많이 참고하여 정리하였습니다. 현직 아마존 시니어 PM인 부샨 신크레(Bhushan Shinkre)가 설명한 비전에서부터 가치, 미션, 전략적 선택이 로드맵으로 어떻게 연결되고 이를 수치적 메트릭으로 연결시키는가에 대한 영상을 정리했습니다. 또 구글 시니어 PM인 에린 스트리터(Erin Streeter)가 프로덕트 비전을 문서화하는 것에 대한 영상과 아마존 시니어 PM인 앵쿡 샤우다리(Ankuk Chaudhari)의 전략과 전술에 대한 영상도 정리했는데요.

다양한 영상들을 통해서 보면, 프로덕트 매니지먼트에서 기업의 미션과 비전에서 시작해서 이를 달성하기 위한 실제 프로젝트로 연결되는 과정을 정렬이라고 부른다는 것을 확인할 수 있었습니다. 이때 실제 프로젝트는 비전을 위한 전략과 전술을 설정하는 과정에서 정해집니다. 프로젝트의 형태는 구체적인 전술에 해당하고요. 이 연결고리를 잘 이해하는 것이 의미 있는 프로젝트를 선택할 수 있게 하는 프로덕트 매니지먼트의 핵심이라는 내용이었습니다.

● 유튜브 채널 〈Product school〉 : https://www.youtube.com/@ProductSchoolSanFrancisco

3-2) 로드맵

정렬을 통해서 전략과 전술을 정리했다면, 그다음은 순서를 정하는 로드맵입니다. 프로덕트 로드맵에 대해서는 굉장히 잘 정리된 아티클인 전 넷플릭스 CPO 깁슨 비들(Gibson Biddle)의 아티클들을 보고 정리했습니다. 아마존의 로드맵 문서라고 할 수 있는 연 단위 6페이저 문서도 정리했고, 탈잉 강의로 봤던 페이스북

PM 출신 김해빈 님의 로드맵 템플릿도 참고했습니다.

● 깁슨 비들의 Medium.com 아티클 (많은 아티클을 꼭 읽어 보세요.) : https://gibsonbiddle.medium.com/what-do-you-think-about-project-based-roadmaps-versus-outcome-based-metric-based-roadmaps-4c087f59ebe8
● 제시 프리먼(Jesse Freeman)의 6페이저 : https://writingcooperative.com/the-anatomy-of-an-amazon-6-pager-fc79f31a41c9
● 탈잉 〈실리콘밸리 PM의 기술〉 김해빈 (이분이 운영하시는 메일링 서비스도 구독 추천 드립니다.)

3-3) 메트릭(Metrics)

전술로서의 프로젝트의 순서가 나온다면 그다음은 프로젝트가 제대로 목표한 대로 진행되었는가를 보는 메트릭에 대해 알아야 합니다. 메트릭이란 번역하면 '(숫자적) 지표'를 의미합니다. 하지만 단순히 목표를 이야기하는 KPI(Key Performance Indicator)와 다르게 전체 방향성과 프로세스에 대해서 모니터링하면서 지속적으로 봐야 하는 것들을 의미합니다.

주요한 개념에는 '북극성 지표', '프록시 메트릭', '리버 메트릭/인풋 메트릭'이 있습니다.

- **북극성 지표**란 서비스가 올바르게 성장할 때 항상 유지되거나 지켜 나가야 하는 지표를 의미합니다. 대표적인 북극성 지표의 예시로는 기간 내 페이스북의 신규 피드 수가 있습니다. 이 수치가 꺾인다면 잘못된 방향으로 가고 있다는 것을 인식할 수 있도록 해 줍니다.
- **프록시 메트릭**이란 깁슨 비들이 주장하는 메트릭으로 실제 프로덕트의 가치를 수치적으로 설명할 수 없기에 이 가치가 잘 전달되었을 때 나타나는 사용자의 행동 가설을 바탕으로 정의한 지표입니다.

- 리버 메트릭 또는 인풋 메트릭이란 결과로 나타나는 지표인 아웃풋 메트릭에 반대되는 개념입니다. 무언가 전술이 잘 작동했을 때 좋아질 수 있는 결과 지표에 너무나 여러 요인이 많이 연결되어 있어서 쉽게 변화를 일으키기 어려울 때 이를 움직일 수 있는 지렛대(리버)의 역할을 해 줄 수 있는 메트릭으로, 프로젝트의 목표를 설정하고 집중해야 한다고 설명되는 개념입니다. 결과로 변화하는 아웃풋 메트릭을 변화시키는 지표이기 때문에 인풋 메트릭이라고 부르기도 합니다. 이 내용은 아마존의 일하는 방식에 대한 책인 《순서 파괴》에서 자세하게 설명이 되고 있어서 인용하기도 했습니다.

● 책 《순서 파괴》, 콜린 브라이어, 빌 카 저, 유정식 역, 다산북스, 2021.

3-4) 고객 중심주의 문제 정의 방법들

이 부분에서는 이미 운영하고 있는 서비스들의 문제를 찾아서 개선하려고 할 때 어떻게 다가갈 것인가에 대해서 고민하고 관련된 내용들을 담았습니다. 보통 PM이 하는 역할을 문제를 해결하는 사람이라고 이야기하는데요. 실제 실무를 할 때 더 중요한 것은 '무엇을 문제로 정의하느냐'입니다. 문제를 어떻게 정의하느냐에 따라서 프로젝트의 형태도 완전히 달라지기 때문이죠.

아마존의 시니어 PM 앵비티 샹카르(Anviti Shankar)가 웨비나에서 소개한 '성공 조건'을 중심으로 한 문제 정의 방법을 정리했습니다. 세 단계로 나눠서 문제를 정의하는데요.

- 1단계 : 관찰, 측정, 이해관계자의 입장에서 문제점을 찾아낸다.
- 2단계 : 기능 개발을 통해 해결할 수 있는 관점에서 문제점을 재정의한다.
- 3단계 : 성공에 대한 기준이 되는 '완료 조건'을 정의하고, 이해관계자들에게

충분히 공감을 얻을 수 있도록 요구 사항을 만드는 것에 충분한 시간을 쏟아야 한다.

그 외에 최근 실리콘밸리에서 《Continuous Discovery Habits》란 책으로 주목받고 있는 테레사 토레스의 '기회 - 솔루션 트리'도 정리해 두었는데요. 이상적인 목표를 달성하기 위한 해결책을 단번에 정의할 수 없기에 지속적으로 실험하고 평가하는 것이 필요하다는 것을 강조하고 있습니다.

● 아마존 PM 앤비티 샹카르의 고객 중심주의 문제 정의 방법 : https://youtu.be/8FT2J7ywBbU
● 테레사 토레스의 '기회 - 솔루션 트리' 아티클 : https://www.producttalk.org/2016/08/opportunity-solution-tree/?ref=https://product-frameworks.com

3-5) 백로그 관리 방법

백로그는 해야 할 일을 말하는 것으로, 동시에 여러 가지 요청을 받게 되는 프로덕트 오너라면 백로그를 잘 정리해 두고 적시에 작업이 들어가도록 정리하는 것도 중요한데요. 여기서는 세 명의 국내 PO들의 이야기를 정리해 두었습니다. 개별적으로 외부 콘퍼런스 등에서 발표하셨던 내용들이라 다시 기입하긴 어려우나, 토스 PO들의 경우 공통적으로 백로그에 PON이라는 구분 값을 정리하는 것을 볼 수 있었는데요. PON이란 Problem, Opportunity, Needs의 줄임말로 이 백로그가 가지는 가치가 기존 문제를 해결하기 위한 것인가(Problem), 개선을 했을 때 더 큰 성장의 기회가 있을 것으로 예상되는 것인가(Opportunity), 아니면 단순하게 이해관계자 중 누군가의 요청으로 제안된 것인가(Needs)를 정리해 두는 것입니다. 이를 통해서 백로그의 정체를 명확하게 파악하고 하나의 스프린트에 PON

을 적절한 비율로 선택해서 균형 있게 성장하도록 하는 것을 이야기했습니다. 대체로 백로그를 Jira와 같은 관리 프로그램에 등록하기보다는 PO가 한눈에 인지할 수 있도록 엑셀 시트로 관리하는 것을 추천한다는 것도 특이점 중 하나였습니다.

3-6) 프로젝트, 신규 서비스의 제안

PO라면 꼭 해야 한다고 생각하는 것 중 하나는 신규 프로젝트나 서비스를 제안하는 것인데요. 이럴 때 사용하는 문서들을 부르는 이름을 정리하고 대표적인 형태와 목차를 정리했습니다.

페이스북에서는 '신제품 Product Brief'라고 불리며, 전략적 이니셔티브(Strategic initiative)라 불리는 곳도 있었습니다. 박정준 님의 책《나는 아마존에서 미래를 다녔다》에 등장한 신제품을 위한 6페이저도 정리해 두었습니다. 대체로 다른 문서들도 비슷한 형태로 작성이 되어 있는데요.

공통적으로 ① 배경과 문제점을 정리하고, ② 이 문제를 해결하기 위해서 어떤 접근 방법이 가능한지 이야기를 한 뒤, ③ 어떤 접근 방식을 선택할 것인지 이를 비교하고, ④ 이후에 진행할 전략적 행동과 기대 결과를 담도록 되어 있습니다. 아마존의 경우는 여기에 더해서 ⑤ 그 결과가 세상에 공유될 때 나올 수 있을 것 같은 보도 기사도 담고 있습니다.

3-7) PMF와 프로덕트 라이프 사이클

아예 새로운 서비스나 프로덕트를 론칭하게 된다면 바로 큰 성공을 만들 수는 없을 텐데요. 성공으로 가기 위한 첫 번째 단계는 지금 만든 프로덕트가 시장에서 정말로 성공할 만큼 먹히는 제품인가를 판단하는 것입니다. 프로덕트의 성공 가능성을 확신하는 시점을 시장과 제품이 서로 잘 맞았다고 해서 PMF(Product Market Fit)라고 부릅니다. 이제는 많이 유명한 용어가 되었는데요. 프로덕트 오너라는 직무를 국내에서는 새로운 서비스를 론칭하는 초기 스타트업에서 주로 사용했고, 토스의 경우 PO의 업무를 아예 신규 프로덕트의 론칭과 초기 PMF 달성으로 정의하면서 이 개념이 더욱 많이 국내에 알려지는 계기가 되었습니다.

이 항목에서는 프로덕트 라이프 사이클에 대한 이해를 바탕으로 PMF를 찾았다는 것을 판단하는 방법들에 대해서 조사를 했습니다. 프로덕트 라이프 사이클이란 보통 등장-성장-성숙-쇠퇴의 4단계를 이야기하는데요. PMF는 등장 후 성장으로 넘어가는 전환 시점을 의미합니다. 성장이 되면 본격적으로 스케일업(scale-up)하여 제품의 사용자 수를 높이고 이익을 극대화해야 한다고 말하죠.

대표적인 PMF 검증 방법에는 설문조사 방법인 NPS(Net Promoter Score)와 PMF survey가 있습니다.

● NPS
　○ 10점 척도로 서비스 추천 지수를 받음
　○ NPS = 추천 고객의 % - 비추천 고객의 % > 80점 이상일 때

● 레니의 뉴스레터(Lenny's Newsletter) : https://www.lennysnewsletter.com/p/what-it-feels-like-when-youve-found?s=r

● NPS 설문조사 : https://ko.surveymonkey.com/mp/nps-pros-cons-why-use-nps/

3-8) 제품 주도 성장(Product-led Growth)

프로덕트의 힘으로 성장하는 것에 대해서 담고 있습니다. 대표적인 방법으로는 아하! 모먼트(Aha moment)와 C.C(한계 수용 능력, Carrying Capacity) 개념에 대해서 조사했습니다.

아하 모먼트란 핵심 코호트(cohort, 특정 기간 동안 공통된 특성이나 경험을 갖는 사용자 집단)만의 특이한 지표적 특징으로, 최종 아웃풋 메트릭과 이를 움직이는 유관 지표들 간의 관계를 분석하는 과정에서 찾아낼 수 있습니다. 예를 들면 '가입 후 3시간 내 구매한 사람은 1일 경과 후 구매한 사람보다 다음 달에 리텐션(retention, 사용자 유지율) 비율이 훨씬 높다'라는 특이점을 찾아냈다면 아하 모먼트는 3시간 내 구매를 한다는 점이죠. 이렇게 아하 모먼트를 발견하고 나면 다른 사용자들에게 아하 모먼트에 해당하는 지표가 나올 수 있도록 프로덕트 자체를 개선해 나갑니다. 위의 예시대로라면 가입한 사람들이 3시간 내 구매를 할 수 있도록 프로덕트적으로 독려하는 것이죠.

C.C 이론은 프로덕트의 성장 한계를 이야기하는 그로스(Growth) 이론 중 하나인데요. 토스 이승건 대표의 PO 세션 영상으로 국내에서 유명해졌습니다. 간단하게 설명하면 마치 특정 구덩이에는 딱 담을 수 있는 물의 양이 정해져 있듯이 프로덕트의 역량에 따라서 담을 수 있는 사용자의 비율이 정해져 있다는 의미입니다. '진입 후 이탈자율'을 의미하는 churn rate를 관리해야만 프로모션으로 사용자를 많이 가져와도 온전히 사용자로 수용할 수 있다는 내용의 이론입니다. 이 이론은 콘텐츠나 방문 주기가 짧은 서비스에 더 적합한 면이 있어서, 저는 이커머스 분야에서 유용한가에 대해서도 함께 고민하며 조사를 했습니다.

● 웨스 부시(Wes Bush)의 아하 모먼트 관련 아티클 : https://productled.com/blog/how-to-identify-your-products-aha-moment/
● 아하 모먼트 관련 Medium.com 아티클 : https://productcoalition.com/targeting-product-growth-with-aha-moment-metrics-1d3889afc2b7
● 토스 이승건 대표 PO 세션 자료 : https://www.youtube.com/watch?v=tcrr2QiXt9M

4. 다른 PO들은 어떻게 애자일 프로젝트를 잘하는가

네 번째 목차는 실제 프로젝트 과정에서 PO가 작성하게 되는 PRD와 유저 스토리를 잘 쓰는 방법, 그리고 스프린트별로 유저 스토리 백로그를 분배하는 방법에 대해서 조사했습니다. 사용자가 액션하기보다는 시스템이 먼저 작동하는 프로덕트에 적합한 Job story에 대해서도 조사했었습니다.

PRD의 경우 워낙 많은 아티클이 존재하고 대부분 내용이 비슷하기 때문에 가장 권위 있는 자료 두 가지만 공유드릴까 합니다.

● 마티 케이건의 PRD 쓰는 법 (2005년) : https://www.cimit.org/documents/20151/228904/How%20To%20Write%20a%20Good%20PRD.pdf/9262a05e-05b2-6c19-7a37-9b2196af8b35
● PM 교육 프로그램인 reforge에서 좋은 PRD에 대해서 정의한 아티클 : https://www.reforge.com/blog/evolving-product-requirement-documents

이렇게 제가 공부하며 정리했던 노션 문서에서 목차별 키워드와 일부 링크들을 공유드렸는데요. 책 속의 링크이기에 바로 클릭하지는 못하시겠지만, 키워드만 알아도 구글링을 통해 충분히 접근 가능한 내용들이기에 쉽게 찾으실 수 있을 거라고 생각합니다. 저 역시 구글링을 통해서 찾아내고 정리한 것들이니까요.

하지만 쉽게 정리된 자료를 보는 것보다 이렇게 다시 한번 서칭하고 찾으면서 정리하는 과정이 더 기억에 많이 남는 의미 있는 시간이 된다고 확신합니다. 저에게 그랬듯이요.

성장과 성공의 관계_
장르의 차이

□
○

서비스 성공을 꿈꾸던 때, 갑자기 찾아온 변화

새로운 방식의 원리를 이해하고 공부한 것을 실무에 조금씩 적용해 가면서 구체적인 경험을 시도해 보는 과정은 굉장히 재미있었다. 하지만 마음속에서는 조그만 의문이 불쑥불쑥 올라오고는 했다.

'일하는 방식도 바꿨는데, 뭔가 엄청난 서비스의 성공을 만들어 내야 하지 않을까?'

내가 읽는 수많은 책과 아티클, 강의는 매번 엄청난 성공을 이야기하고 있었다. 나는 진짜 서비스 기획자로서 일하는 방식에 대해서 실무 강의를 시작한 1세대 사람이었지만, 직무 교육 시장이 점점 더 커지면서 훌륭하고 대단한 사람들의 강의 광고가 항상 눈에 들어왔다. 나보다 나이와 연차가 낮은데도 엄청난 서비스를 성공해 내고, 지분을 통해 재정적으로도 성장한 사람들이 많이 보였다. 실리콘밸리 출신, 거대 빅테크 기업의 출신들도 있었다. 내 직무에 대한 꿈을 꾸는 사람들이 많아지면서 각종 콘퍼런스와 발표도 많아졌다. 출간되는 책도 점점 더 많아졌다. 정보가 쌓이면 쌓일수록 그들의 성공에 대한 부러움에 압도되어 갔다. 이제 경험과 지식이 정리되기 시작하면서 조금은 편안해진 줄 알았던 나에게 또 다른 불안이 스며들었다. 이제 무언가 제대로 된 좋은 결과를 내고 싶다는 생각이 들었다.

대형 프로젝트가 끝나고 1년의 마지막 분기를 준비하던 나는 혼란스러웠다. 본부 리더인 VP와의 1 on 1 미팅에서 "앞으로 시니어답게 지표를 바탕으로 좀 더 비즈니스적으로 의미 있는 로드맵을 만들어서 Why 중심의 일을 더 많이 하고 싶다"고 포부를 이야기했었다. 그리고 실제로 팀 리더인 제이와는 주문 프로덕트의 구조를 변화시키고 이와 연관된 사업까지 확장시키는 빅픽처를 설계해 보자고 이야기하고 있었다.

그런데 변화가 생겨 버렸다. 2022년 7월 코로나로 한참을 아프고 난 뒤에 임신 사실을 알게 된 것이다. 앞으로 나의 성장을 증명해서 대단한 기획자로서 성공적 서비스를 만들어 내겠다는 생각에 가득 차 있었는데, 예상치 못한 변화가 찾아온 것이다. 임신 사실조차 심하게 토하는 입덧으로 깨닫게 되었기에 임신 초기 한동안은 단축근무를 했다. 다행히 재택근무였지만 회의하다가 마이크와 카메라를 끄고 토하고 오는 일도 여러 번 있었다.

신변의 변화와 성과에 대한 스스로의 압박으로 힘든 이중고의 시간을 보내야만 했다. 나에게 주어진 프로젝트나 프로덕트팀의 기획적 살림살이는 익숙해졌기 때문에 해낼 수 있었지만, 나의 한계를 넘어선 엄청난 사업적 과제를 잘 만들어 내는 일에는 집중할 수가 없었다. PO는 CEO처럼 새로운 프로덕트를 구상해서 제안하고 만들어 내야 한다는 편견으로 내가 나 자신을 압박했다.

나만 이런 고민을 했던 것은 아니었다. 다른 프로덕트팀을 이끌던 동료들은 분기마다 플래닝 시점이 되었을 때, 자신이 만들어 내는 기획의 로드맵이 너무나 작은 시각은 아닌지 그리고 어떻게 하면 더 큰 비즈니스 임팩트를 만들어 낼 수 있을지에 대해 스트레스를 받았다. 연차가 낮은 한 친구는 자신의 도메인 지식이 낮은 탓에 더 좋은 사업 기회를 볼 줄 아는 시각이 없다며 한탄했다. 나는 도메인 지식도 있고 경험도 있었지만, 집중력 있고 끈기 있게 새로운 비즈니스를 먼저 제안할 시간도 체력도 없었다. 정해진 방향대로 프로덕트의 성장을 챙기는 것만으로도 벅찼다. 담즙이 보일 정도로 물만 먹으면 토하는 상태가 꽤나 오래 지속됐다. 자연히 나 스스로에 대한 실망과 아쉬움이 계속해서 쌓였다.

아쉬움의 4분기가 끝나고 또 다른 새해가 되었을 때, 나는 3월에 떠날 출산 휴가를 준비하고 있었다. 나와 함께 일할 동료들에게 인수인계를 준비하고 내가 지금껏 팀을 꾸린 방식들을 전했다. 그런데 이조차 계획대로 되지 않았다. 31주 차였던 1월 중순에 조기 수축으로 갑작스럽게 입원을 하게 된 것이다. 임신과 출산에 있어 이런저런 이벤트는 흔하게 일어날 수 있지만, 일에서 성장을 꿈꾸는 나에게 있어서 이 시기는 혼란스러움의 연속이었다. 출산과 육아 앞에서 오는 불안의 감정과 맞물려 일의 변화를 통해서 큰 결과를 내지 못하고 물러서는 것 같은 불안감이 계속됐다. 하지만 걸어 다니기만 해도 조기 수축 때문에 혹시 조산할까 두려운 상황이었다. 결국 한 달을 꼼짝없이 밥 먹을 때 빼고는 병실에 누워서 쥐 죽은 듯 지내야 했다. 누워서 태블릿을 바라보며 지금까지의 내가 겪었던 성장에 대한 고민과 당시에 했던 고민이 뒤섞인 글들을 쓰기 시작했다. 그게 이 책의 시작점이었다. 병원에 묶여 있어야 했던 나는 더 이상 휴가를 쓰기가 어려워졌고, 자연스럽게 출산 휴가를 최대한 당겨서 쓰면서 생각지도 못하게 회사에서 로그아웃이 됐다.

장르만 같은 다른 일

분명 나는 나의 업에 대해서 여러 가지 방식을 알고 싶고 확장하고 싶다는 꿈이 컸던 사람이었다. 나는 나름대로 좋은 성장을 했다고 믿었지만, 그럼에도 성과에 대한 불안을 막을 수는 없었다. 나는 은연중에 성장의 끝에는 엄청난 성공이 있어야 한다고 믿었다. 그리고 그 성공은 세상에 없던 서비스를 만들어 내거나 회사를 엄청나게 성장시키는 새로운 비즈니스 제안 같은 것들이라고 생각했다. 기를 쓰고 나를 바꿔 가며 성장을 해 왔는데, 나 스스로 성공까지 다다르지 못했다는 사실이 괴로웠다. 아니면 입덧이고 뭐고 다 이겨 내고 엄청난 스토리를 써낼 만큼 내가 더 강했어야 하는 걸까. 호르몬 탓인지 조금은 스스로를 괴롭히는 질문들을 하게 됐다.

아기가 50일이 되던 날, 나는 불안한 마음에 빠른 복직을 선택했다. 체력적으로 무리였지만 재택근무가 가능했기에 업무에 뒤처지지 않고 적응하려고 노력했다. 그런데 새로운 상황을 맞이했다. 일의 방향을 바꾸고 따라 하고자 한 대단한 사람들처럼 내가 엄청난 성공을 진두지휘하지 못했지만, 내 복직을 환영하는 사람들을 만날 수 있었다. 그들이 날 그리워하고 환영해 준 이유는 내가 지금까지 갖춰 온 경험과 프로젝트에 대한 이해도 때문이었다.

기업의 대내외 상황도 완전히 바뀌어 있었다. 과거 내가 우물 안에서 불안해하던 시절에 여기저기서 성공과 유니콘을 이야기하던 많은 스타트업 기업들이 현재 투자를 받지 못하거나 적자가 발생하며 위기에 처했다는 소식들이 들려왔다. 막대한 투자비를 바탕으로 성장과 신사업을 이야기하던 기업들이 더 이상 투자를 늘리기보다는 내실을 키워서 이익에 초점을 맞추고 있다는 이야기도 들려왔다. 항상 공격적 투자와 실험으로 큰 시장을 만들어서 이를 차지해야 한다고 말하던 시장에서, 필요한 일을 빠르게 경험적으로 하는 사람을 요구하는 시장이 되어 있었다.

실리콘밸리의 대규모 기업들은 프로덕트팀에서 일하던 많은 프로덕트 매니저들과 개발자들, 디자이너들을 팀 단위로 폐지하고 해고했다. 에어비앤비에서 프로덕트 매니저를 없앴다는 이야기는 이런 기조에 쐐기를 박았다. 에어비앤비는 기존처럼 프로덕트 매니저가 많은 것을 제안하는 구조가 아니라 위에서 결정된 것들을 빠르게 만들어 낼 수 있는 효율적인 조직으로 변모하겠다고 선언했다. 국내의 많은 기업들에서도 투자가 줄어들고 경제적 불황이 찾아오면서 구조조정 이야기가 나왔다. 실제 스타트업 기업들이 문을 닫기도 했다.

그때 재미있는 현상이 나타나기 시작했다. 기획자가 잔뜩 있는 단톡방에서 대기업으로 가고자 하는 사람들의 이야기가 올라오기 시작한 것이다. 규모가 큰 작업을 더 많이 빠르게 수행해야 하는 거대한 피라미드 조직에서와 달리 디테일하게 일하기를 더 좋아하는 기획자 조직에서 안정성을 추구하는 사람들이 나타난 것이다. 물론 일부 대기업이 이미 프로덕트 오너라는 이름을 차용하며 일하는 방식과 명칭에 차이를 가져온 경우도 많았지만. 어쩌면 내가 10년을 갈고닦았던 '빠르게 프로젝트를 수행하는 능력'이 더 각광받는 시기로 회귀했다는 생각도 들었다.

그제야 몇 가지 사실을 깨달았다. 내가 알고 있던 성공의 기준은 시대적 상황에 따라서 달라질 수 있다는 것, 그리고 내가 기를 쓰고 확장해 온 일하는 방식도 처음부터 이 일만 해 온 사람에게는 벗어나야 하는 우물일 수도 있다는 것이었다.

그렇게 생각에 이르고 보니, 서비스 기획자와 프로덕트 오너의 일이 결국은 '장르만 다른 같은 일'이라는 생각이 들었다. 가수가 노래를 부르듯이 기획자는 온라인 서비스를 기획한다. 발라드 가수와 트로트 가수는 창법이 다를 뿐, 분명 노래를 부른다. 발라드 가수가 트로트를 발라드처럼 불러도, 반대로 트로트 가수가 발라드를 트로트처럼 불러도 감동을 받을 사람들은 받는다. 과거에는 성시경, 신승훈 같은 발라드 가수를 더 멋있다고 생각한 사람이 많았지만 지금은 임영웅 같은 트로트 가수가 훨씬 더 많은 돈을 받고 엄청난 팬덤을 보유하기도 한다. 서비스 기획자와 프로덕트 오너라는 이름은 분명히 장르적 차이를 지니고, 장르를 잘 표현하기 위해서 노력하는 사람들도 존재한다. 하지만 장르를 이해하지 못하고 일을 한다고 해서 온라인 서비스가 나오지 않는 것은 아니다. 생각이 여기까지 미치고 나니 한동안 나를 덮쳐 왔던 불안감이 사라지고 평온함이 찾아왔다. 나를 힘들게 만들던 편견이 잠잠해졌다.

그저 내 일을 더 잘 이해하고 다양하게 하고 싶은 것뿐이었다. 그 욕심에서 번져 간 열등감, 질투심, 조급함, 불안감까지 모두 잠재우고 나니, 나는 나답게 내 일을 노래하고 있었다. 그저 일의 방식에 대해서 정반합의 과정을 통해서 또 한 단계 이해도가 높아진 것 같았다. 성장이 꼭 무언가에서의 성공을 이야기하는 것은 아니라는 생각이 들자, 성장하는 삶을 꿈꾸고 싶다는 생각이 끊임없이 들었다. '직업인으로서 지속하는 온라인 서비스를 만드는 사람'이 될 수 있겠다는 생각이 들었다.

"SQL은 얼마나 배워야 하나요?"

최근 취업 준비생들을 만나거나 프로덕트 오너가 되기 위해 준비하는 사람들을 만나면 대뜸 이런 질문을 하고는 합니다. 저는 도리어 이 친구들에게 "왜 프로덕트 오너가 SQL을 배워서 데이터 쿼리(Query)를 직접 뽑을 수 있어야 한다고 생각하세요?"를 묻습니다. 그때 대답이 상당히 막연합니다.

"데이터 기반의 의사 결정을 해야 하니까요."

막연하지만 틀린 말은 아닙니다. 그래서 한 번 더 물어봅니다. 데이터 기반의 의사 결정에는 어떤 예시를 들어 볼 수 있을지를 물어봅니다. 그때 매번 똑같이 나오는 대답이 있습니다. 바로 "A/B 테스트"입니다.

하지만 실제 A/B 테스트는 대부분 관련 툴이 마련되고 통계적 수치가 더 중요하지 SQL이 중요하진 않습니다. 그리고 모든 서비스에서 A/B 테스트가 유용하지 않을 수도 있죠. SAP에서 일하는 김영욱 PM의 책 《프로덕트 매니지먼트》에는 계약 관계와 안정성이 중요한 B2B 서비스에서는 A/B 테스트가 꼭 필수는 아니라는 이야기가 나오기도 하고, 아주 작은 규모의 트래픽만 들어오는 서비스에

222

서는 통계적으로 의미 있는 테스트 집단을 나누기가 불가능하다고도 합니다.

실제 SQL이 프로덕트 오너의 중요한 스킬로 다뤄지고 있는 이유는 다름 아닌 '프로덕트의 성장의 측정'을 위해서입니다. 앞서 비즈니스 임팩트에 대한 이야기를 잠시 다뤘습니다. 프로덕트는 회사의 미션에 맞는 프로덕트의 형태인 프로덕트 '비전'을 위해서 '전략'을 짜고 그게 맞는 '전술'로서 프로젝트를 통해 '기능'을 구현한다고요. 이때 이 전술이 의미 있었는지를 알기 위해서는 수치적 목표를 세팅할 수 있어야 하는데요. 이게 바로 수치적 지표인 메트릭이 거론되는 이유이죠. 그리고 이 메트릭을 어떻게 변화시킬 것인지 KPI를 세우게 되면 프로젝트 수행의 결과로 앞으로의 추가적인 액션을 취하게 됩니다.

물론 프로젝트가 꼭 목표를 달성하기만 하는 것은 아닌데요. 이때에도 사용자들은 이 실험에서 어떤 행동을 보여 줬고, 그 프로젝트의 가설은 무엇이 틀렸는지를 보기 위해서라도 데이터를 분석해야 합니다. 지속적으로 사용자들의 행동을 살피는 과정을 통해 해야 할 일을 찾아내는, 또 전후를 비교하는 이런 활동을 '고객 개발(customer development)'이라고 합니다. 사실 프로젝트를 수행하는 것보다 더 중요한 과정이 일상적으로 이 고객 개발과 분석을 통해서 해야 할 일을 찾아 나가는 것이죠.

앞의 글 〈15 성장과 성공의 관계_ 장르의 차이〉에서는 프로덕트 오너라는 이름에서 가지고 있던 거대한 편견에 대해서 이야기했습니다. 무조건 1등 서비스에 기여하는 것이나 새로운 비즈니스를 만들어서 시장에서 성장시키는 업무적 거대한 성과하고만 '프로덕트적 성장'을 연결시키는 경우가 많다고요. 그리고 이런 편견들이 많은 프로덕트 오너를 스스로 과소평가하고 열등감에 시달리게 합니다.

물론 프로덕트 매니지먼트를 하는 것은 프로덕트를 지속적으로 성장시켜 나간다는 것을 전제로 합니다. 그렇기에 앞서 이야기한 것처럼 '비즈니스 임팩트'를 중요시하고요. 그렇다고 모든 프로젝트가 단박에 천문학적 숫자의 성장을 만들어 내야 하는 것은 아닙니다. 그렇기에 오히려 프로덕트를 조금씩 성장시키기 위해서는 올바른 지표로 목표를 세팅하는 것이 훨씬 더 중요합니다.

프로덕트의 각 단계별로 설정할 수 있는 지표는 다릅니다. 관련하여 추천드리고 싶은 책은 에티엔 가르부글의 《해결 할 프로덕트》라는 책인데요. 이 책은 제품 수명 주기인 프로덕트 라이프 사이클에 따라서 다섯 가지 단계로 나눠서 프로덕트 전략을 분류하고 각 단계에서 체크해야 할 지표들에 대해서 이야기합니다. 단, 이 책의 저자가 B2B 서비스 고객 리서치 전문가다 보니 굉장히 많은 부분에서 직접적으로 고객 설문을 할 수 있는 방식을 담고 있지만, 그런 부분을 제외해 놓고 보면 효과적인 접근을 한 책입니다.

단계별로 액션 중에서 성장이 잘 일어나고 지표적으로도 의미가 있을 만큼 사용자가 모였을 때에 프로덕트 매니지먼트 관점에서 행동 가능한 액션에는 무엇이 있을지 정리해 보겠습니다.

성장기부터는 프로덕트가 시장에서 의미 있는 사용자층이 있다는 것이 확인되어 사용자가 늘어나기 시작하고 본격적으로 데이터를 통한 분석이 의미를 갖기 시작합니다. 책에서는 서비스의 성장기에 프로덕트 매니지먼트 관점에서 해 볼 수 있는 미션으로 네 가지를 제안합니다. 각각의 내용은 추가로 더 많이 서칭해서 보시길 추천드립니다.

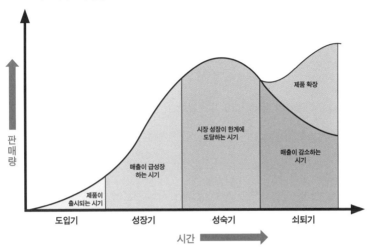

프로덕트 라이프 사이클.

판매량

도입기　　성장기　　성숙기　　쇠퇴기

시간

제품이 출시되는 시기

매출이 급성장 하는 시기

시장 성장이 한계에 도달하는 시기

제품 확장

매출이 감소하는 시기

- 퍼널 다듬기(AARRR) : 해적지표를 통해서 사용자의 유입, 정착, 리텐션, 매출, 입소문을 전체적인 흐름에서 빠진 구멍이 없는지 살펴보라고 하는데요. 보통의 이커머스에서는 퍼널 분석을 서비스 진입 후 거래 전환까지를 보는데 해적지표는 좀 더 큰 범위에서의 서비스의 성장을 목표로 순환 구조에 문제가 없는지를 분석합니다.

- 실제 사용자 분석과 피보팅(pivoting) : 최초 서비스를 만들었던 시점에 가정한 사용자와 실제 사용자의 페르소나, 사용 목표가 일치하는지 확인해 보고 현재 사용자를 바탕으로 서비스의 형태나 목표를 바꿔서 PMF를 강화시킬 수 있다고 합니다. 이를 위해서는 다양한 데이터 분석을 통해서 사용자를 판단할 수 있어야 합니다.

- 아하 모먼트를 활용한 사용자 행동 다듬기 : 아하 모먼트란 서비스 내에 가장 잘 사용하는 최상위 사용자층의 행동을 분석하여 매출 혹은 서비스 정착과 상관 관계가 높은 행동을 다른 사용자들이 취할 수 있도록 하는 전략입니다.

- 채널 관점에서의 유닛이코노미의 분석 : 유닛이코노미란 특정 단위로 나눠서 이익이 나는지를 분석하는 것인데요. 이 단계에서는 마케팅 관점에서 신규 고객 획득 비용(CAC, Customer Acquisition Cost)과 이 고객이 서비스에 유입돼서 평균적으로 일으키는 매출 금액의 총액(LTV, Lifetime Value)보다 작은 채널을 분리해서 집중적으로 성장시킬 수 있도록 해야 한다고 설명합니다.

성장기가 끝나고 성숙기에는 프로덕트의 사용자들을 통해서 기회를 찾아서 새로운 세그먼트(segment)로 확장하면서 프로덕트를 늘려 나갈 수도 있는데요. 성숙기에는 사내에 많은 실패 경험이 쌓이고 이해관계자가 많아지기 때문에 그때부터는 불필요한 기능을 제거하거나 자신의 경험적 지식이 아닌 실험을 통한 의사 결정이 중요합니다. 바로 이때가 A/B 테스트가 등장하는 시기죠. 그리고 혁신을 일부 계속해서 시도할 수 있도록 하여 쇠퇴가 아닌 확장의 단계로 유지될 수 있도록 하는 것도 중요하다고 책은 설명합니다.

프로덕트 매니지먼트를 담당하는 사람은 이렇게 프로덕트 라이프 사이클을 이해하고, 회사와 프로덕트의 비전을 달성하기 위한 전략을 설정하고 이에 효과적인 프로젝트를 명확하게 목표를 측정하면서 지속적으로 성장을 만들어 내려고 노력해야 합니다. 아쉽지만 한 번에 마법처럼 성장하거나 막연하게 떠오르는 아이디어를 무작정 계속 붙여 나가다 운 좋게 성공하는 것이 아니란 것이죠.

엄청난 서비스 성장으로 글로벌 1위를 만드는 사람만 의미 있는 성장을 해내는 것이 아닙니다. 각자의 위치에서 각자의 프로덕트에 필요한 성장을 정확히 진단하고 꾸준하게 변화와 성장을 만들어 나가는 것도 굉장히 중요합니다. 내가 만든 신규 서비스로 단박에 앱스토어 1위가 되면 좋겠지요. 하지만 프로덕트가 커지고 사용자가 많을수록 복잡도가 높고 안정성이 중요한 만큼, 꾸준히 성장을 만들어 나가는 것도 엄청 대단한 일이고 더 많은 보편적인 프로덕트 매니저들이 이뤄 내는 성과라고 기억해 주세요.

저는 직무적 차이에 대해 이해하고 또 업무에서 활용하기 위해서 국내외의 다양
한 직무서를 많이 봤는데요. 처음에는 머릿속에 정보를 받아들일 일관된 틀이 없
는 상태에서 읽다 보니 책 속 용어들의 함의를 이해하지 못해서 오히려 혼란스러
웠습니다. 국내서와 해외서를 비교해 보면 일하는 배경이나 상황이 다를 때가 많
습니다. 또 다양성이 많은 직무이기에 비즈니스적 상황이 달라서 어려웠던 점도
있었죠. 유명한 책인데도 불구하고 실무에서 쓰지 않는 어색한 번역 용어를 다루
는 경우도 많았습니다. 그래도 많은 책들을 읽다 보니 이 분야의 직무서들을 제
대로 소화하기 위한 두 가지 팁을 찾을 수 있었습니다.

첫째, 책에서 기술된 개념의 배경을 구분해야 합니다.

먼저 해외서인지 국내서인지를 구분해야 합니다. 책의 앞에서도 여러 번 이야기
했지만 해외서는 이미 20여 년간 완전히 정착된 애자일 프로젝트 방법론들이 표
준화되어 있는 경우가 많으며, 책 속 프로덕트 매니저의 역할이 기능 구현보다는
처음부터 비즈니스에 더 포커싱이 되어 발전했습니다.
　그래서 암묵적으로는 기획, 개발, 디자인이 크로스펑셔널한 조직으로 한 팀이

되어서 스크럼 또는 스쿼드라고 불리는 조직 형태로 묶여 일하는 것을 말합니다. 스프린트 단위로 빠르게 가설을 실험 검증하면서 성공을 만들어 가며 일하는 것을 전제 조건으로 이야기하거나, 그 형태의 필요성을 이야기하죠. 폭포수 방법론의 문제를 거론하는 것조차 이제 더 이상 나오지 않을 정도입니다. 그렇다 보니 해외서의 경우 니르 이얄이 쓴 《훅: 일상을 사로잡는 제품의 비밀》이나 앨리스테어 크롤, 벤저민 요스코비츠가 쓴 《린 분석》처럼 프로덕트 매니지먼트에 대한 아주 구체적인 전략에 대한 이야기를 다루거나 《개발 함정에서 탈출하라》처럼 조직적인 운영 관점의 이야기를 다루는 경우가 많습니다. 폭포수 방법론은 더 이상 나오지 않기에 그 미묘한 차이를 실무에 바로 적용하기 어려울 수 있죠.

반면에 국내서들은 구체적인 프로젝트 수행에 대한 부분에 초점이 맞춰진 경우가 많습니다. '서비스 기획'이라는 단어가 포함된 책들의 대다수가 실무에서 어떻게 일하고 있는가에 대한 이야기를 다루는데요. 대다수의 저자가 관리자보다는 실무자인 경우가 더 많습니다.

배경을 더 정확하게 이해하기 위해서는 저자가 일했던 기업과 저자 자체에 대해서 미리 알아보는 것도 좋습니다. 어떤 식으로 일하고 분야는 어디인가를 아는 것과 저자의 연차와 업종의 난이도를 살피는 것, 저자가 관리자인지 실무자인지를 구분하는 것도 중요합니다. 저자가 B2C 기업에서 일했는지 B2B 기업에서 일했는지에 따라 프로젝트 진행 방식도 다를 수 있습니다. 예를 들어 B2C 기업에서 일한 사람들은 실험과 A/B 테스트를 이야기한다면, B2B 기업에서는 안정성과 사용자와의 인터뷰를 중요시합니다.

이런 내용들을 미리 파악해 둔다면 여러 책들이 저마다 다른 주장을 할 때, 배경과 입장에 따라서 적절하게 무엇이 다른지를 인지할 수 있습니다.

두 번째, 머릿속에 지식의 지형 지도를 갖추어야 합니다.

서비스 기획자, PM/PO라고 불리는 다양한 이름만큼 기획자는 복합적인 일을 합니다. 크게는 프로젝트를 만드는 과정과 프로젝트를 수행하는 과정으로 나눌 수 있죠. 앞단에서 프로덕트의 방향성을 잡는 거시적인 일을 하기도 하고요. 조직 구조에 따라 여러 이해관계자들과 대화하며 프로젝트 확정을 위해 수많은 데이터를 분석하고 판단하는 작업이 필요할 때도 있습니다. 프로젝트가 확정되면 그때부터 지금 해당하는 조직에 가장 적절한 프로젝트 방법론을 기반으로 디자이너, 개발자와 같은 메이커들과 협의하며 실제 산출물을 만들어 냅니다.

머릿속에 이 구분대로 지형 지도를 그려 놓으면 책을 보면서 새롭게 얻게 되는 지식이 어디에 배치될 수 있는 내용인지 인식할 수 있습니다. 저는 아래의 세가지 구분법을 추천드립니다.

- 프로덕트 매니지먼트 (Why, 로드맵, 정렬)
- 조직 구조 (기능 조직 vs 프로덕트팀)
- 프로젝트 방법론 (폭포수 vs 애자일(스크럼))

1) 프로덕트 매니지먼트 (Why, 로드맵, 정렬)

프로덕트 매니지먼트라는 개념은 프로덕트 매니저가 하는 일로 단어부터 딱 떨어집니다. 여기서 프로덕트 매니저란 프로덕트 관리자의 개념이죠. 일부 해외서에서는 프로덕트 매니지먼트에 프로젝트 시 수행하는 소프트 스킬(soft skill)의 역할까지 포함시키기도 하지만, 대부분은 프로젝트 수행 전에 무엇을 할지를 기획하는 과정으로 정의하고 있습니다.

이 프로덕트 매니지먼트 활동의 핵심은 기업의 미션(Why)을 바탕으로 만들어야 할 프로덕트의 형태인 비전(Vision)을 정하여 그것을 달성하기 위한 전략(Strategy)과 전술(Tactic)을 정의하고 이에 대한 로드맵을 구성하는 일련의 정렬(Alignment)로 이루어집니다. 전략은 비전이 달성되기 위한 접근 방법이기에 지표적 목표인 KPI와 전략 달성으로 얻는 결과인 목적(Goal)이 있고, 이를 구체적인 개발 산출물과 연결시키는 것이 Tactic이 됩니다. 어떤 자료에서는 Tactic과 동의어로서 구체적 산출물을 의미하는 Objective를 쓰기도 합니다.

Mission(Why) - Vision(자사의 모습) - Strategy(목적과 KPI) - Tactic(프로젝트화할 수 있는 요구 사항. 동의어로 구체적 목표인 Objective를 쓰기도 함)

이때 정확한 정렬을 위해서 사용되는 것이 전략을 움직이는 메트릭입니다. 모든 일의 근거이자 모든 일의 결과 지표에 해당하죠. 이런 이유로 "PM은 데이터를 잘 다뤄야 한다"는 이야기들이 나오는 것이죠. 그리고 이런 지표를 극대화한 평가 방식이 OKR(Objective Key Result)입니다. Objective는 이 중에서 전략적 지향적인 목적에 해당하고, Key Result는 전략의 수치적인 목표와 연결점이 닿아 있습니다. 그래서 어떤 다양한 전술을 동원해서라도 전략의 지표를 달성했는가를 판단하는 것이죠. (구체적 목표로서의 Objective와 OKR에서의 Objective는 약간 다릅니다. OKR 책에서는 추상적 목적인 Goal에 가깝게 사용됩니다.)

이렇게 촘촘하게 연결된 정렬을 바탕으로 해야 할 일을 선택하기 위해서 등장하는 표현이 '비즈니스 임팩트'와 'MVP'입니다. 최소한의 개발로 비즈니스 임팩트를 만들어 낼 수 있다면 일단 그만큼 하자는 거죠. 애자일 사상에서 이야기하는 것과 일맥상통하지만 우리가 흔히 말하는 애자일 방법론은 프로젝트 방법론이기 때문에 구분할 수 있어야 합니다.

정리해서 말하자면 프로덕트 매니지먼트란 기업적 미션부터 일관성 있게 정렬되어 프로젝트까지 내려오는 과정에 해당합니다. 국내에서는 사실 이런 식으로 업무가 진행되지 않는 경우가 훨씬 많습니다. 보통 내부의 요구 사항이 사업부에 오면 그것을 사내 외주 방식으로 해결할 때가 많기 때문이죠. 그래서 국내서에서는 이 부분을 '상위 기획'이라거나 '전략 기획'이라는 이름으로 아예 분리하고 있거나 '데이터 기반 기획'이라는 이름으로 표현합니다만, 최근에 와서야 조금씩 언급량이 늘어나고 있는 추세입니다. 제 첫 책 《현업 기획자 도그냥이 알려주는 서비스 기획 스쿨》 역시 입문자용으로 이런 내용이 거의 담겨 있지 않습니다. 그 책은 국내의 클래식한 조직에서 일하는 신입의 관점을 다루기 때문이죠.

2) 조직 구조 (기능 조직 vs 프로덕트팀)

제가 서비스 기획자에서 프로덕트 오너로 불리는 조직으로 이직을 하면서 생각했던 키워드는 단 하나, '크로스펑셔널팀'에서 일하는 방법을 익히는 것이었는데요. 저 역시 '크로스펑셔널팀 = 프로덕트팀 = 애자일 방법론' 이렇게 착각했었습니다.

사실 프로덕트팀은 조직을 구성하는 목적 조직의 형태로, 프로덕트팀으로 구성된 목적 조직이 스크럼이나 애자일 프로젝트를 진행하기에 좀 더 용이한 조직의 형태일 뿐이지 꼭 애자일 프로젝트 방법론을 쓰는 조직이어야 하는 것은 아니거든요. 그리고 B2B 서비스를 하는 경우에는 가설과 실험보다는 안정적인 약속에 의해서 무결점 서비스를 요구에 따라서 제공하는 게 중요한 경우도 존재하고요.

그럼에도 이런 목적 조직이 서비스 기획자보다는 PM/PO와 어울리게 느껴지는 것은 바로 '스크럼'이라는 호칭 때문입니다. 프로덕트 매니저라는 오래된 직무명은 애자일 방법론이 수입될 때 같이 들어왔고, 이후 구체적으로 스크럼이라는 용어와 함께 프로덕트 오너라는 명칭도 수입됐기 때문입니다.

국내에서는 조직 구조를 언급할 때, 프로덕트팀을 만들면 그 팀을 '스크럼' 또는 '스쿼드', '트라이브' 이런 식으로 부르는데요. 스크럼이란 대표적인 애자일 개발 방법론 중 하나로 조직 구조의 형태를 크로스펑셔널팀으로 가지고 갑니다. 그 안에 스프린트에서 할 일을 정리하고 빠르게 지원하는 '프로덕트 오너'라는 개념이 있는 것이고 스크럼은 스프린트라는 개념을 처음으로 정리한 애자일 프레임워크 중 하나입니다. 스크럼이 데일리 회의명이거나 조직명인데도 애자일 방법론을 하고 있지 않다면, 이 경우 용어 자체가 왜곡되어 사용되는 것일 수 있습니다. 또 스쿼드, 트라이브란 단어는 크로스펑셔널팀을 구성해서 각 팀의 자유도를 최고로 높여 좋은 성과를 냈다고 소문이 자자했던 '스포티파이(Sportify)'의 영향을 받아서 이름이 지어진 경우입니다.

이름이 뭐가 됐든, 중요한 건 크로스펑셔널팀이고 프로덕트팀이라는 사실이죠. 스크럼, 스쿼드, 트라이브 이런 이름이면 목적 조직으로 된 팀이 애자일 방법론을 선호할 확률이 높을 뿐이지 100% 그렇다고 볼 수는 없습니다.

조직 구조는 기능 조직이냐 프로덕트팀으로 가느냐 하는 방법론보다는, 팀의 책임 범위와 전문성이 하나에 국한되어 있고 그 프로덕트의 방향을 함께 논의하는지 여부에 따라서 달라집니다. 당연히 프로덕트팀일 때 개발자나 디자이너의 프로덕트에 대한 전문성과 이해도가 높아질 것이고, 기획을 하는 사람은 앞뒤의 사정을 파악해서 전후 로드맵이나 영향도를 이해하고 제안하기도 좋으니까요.

3) 프로젝트 방법론 (폭포수 vs 애자일)

조직의 형태는 프로젝트 방법론과 독립적으로 구분해서 이해해야 합니다. 마티 케이건의 《인스파이어드》에서 말하는 '미셔너리팀(하나의 미션을 가진 조직)'은 한 개의 팀이면 될 뿐, 폭포수 프로젝트로 진행해서 화면설계서를 쓸 수도 있습니다. 반대로 회사 야놀자처럼 기능 조직이라도 화면설계서 대신에 PRD를 쓸 수도 있습니다.

폭포수 프로젝트는 앞 단계에서 완벽한 개발 설계를 해야 합니다. 따라서 화면설계서에서는 생각할 수 있는 모든 케이스를 최대한 많이 기획하고, 개발이 착수되기 전에 대부분의 케이스별 의도한 결과를 정리해 낼 수 있어야 합니다. 개발자 리뷰를 통해서 모든 요소를 확실히 하고 가야 하죠. 그래서 와이어프레임*과 케이스, 디스크립션이 모두 고도로 정확할 수 있어야 합니다. 하지만 이런 경우 개발자의 더 기술적인 참여가 제한될 수 있어요. 기획자의 기술적 이해도는 상대적으로 낮을 수밖에 없고 점점 더 복잡한 프로젝트가 늘어나기 때문에 기획자가 로직을 이해조차 하지 못하는 프로덕트들도 있거든요. (로직이 없고 결과만 있는 머

●   Wireframe, 서비스에 대한 아이디어를 리프하게 화면 단위로 구성한 것.

신러닝도 있고요.) 물론 절대 오류가 나서는 안 되는 금융 로직이나 결제, 주문의 핵심 로직은 처음부터 설계가 잘되어야 합니다. 그런 경우라면 아무리 목적 조직이라도 완결성이 높은 화면설계서 방식을 추구할 수 있습니다.

PRD를 쓰고 유저 스토리를 쓰는 방식은 화면설계서를 그릴 때보다 메이커들의 자유도가 높아지고 빠른 참여를 시작할 수밖에 없게 만듭니다. 디테일한 설계 부분을 화면설계서 하듯이 그려 주지 않으니까요. 폭포수 방법론은 앞 단계에서 완벽한 설계를 해야 되기 때문에 화면설계서 방식을 더 추종하게 되고, 애자일 방법론은 문제 정의와 완료됐을 때의 조건을 나타내는 유저 스토리를 바탕으로 메이커들의 창의성을 더 많이 반영할 수 있습니다. 애자일 사상은 모든 관계자들의 적극적인 참여를 강조합니다. 그리고 설계를 오래 붙들고 있기보다는 코딩을 빨리 해서 산출물이 나오도록 하는 것을 강조하죠. 프로젝트 방법론의 선택은 조직 구조와 완벽하게 일치하진 않습니다. 크로스펑셔널팀이라고 해도 폭포수 방법론을 선택할 수도 있으니까요.

이 분야의 직무서는 관련 범위가 너무너무 넓습니다. 머릿속에 이렇게 세 개의 지형 지도를 깔아 놓고 책을 읽으면서 책이 담고 있는 지식이 위의 세 가지 중 어디에 대한 새로운 지식과 아이디어를 주는지 분류한다면, 좀 더 주도적으로 지식을 정리해 나가는 데 도움이 될 겁니다. (참고로 지금 읽고 있는 책은 지식서라기보다는 경험을 위주로 한 에세이이기에 위의 지형 지도의 밖에 있는 책입니다.)

CHAPTER 04

경계 없는 일잼러의
탄생을 위해

고연차의 성장은
스킬에서 일어난다

□
○

지난 경험이 없어지는 것은 아니니까

처음 PO라는 명칭을 쓰게 된 지 얼마 지나지 않았을 때였다. 직무 종사자들이 가득한 오픈채팅방에 들어가면서 잠시 멈칫했다. 오픈채팅에 들어갈 때 이름 설정 규칙이 있었는데 직무명과 연차였다. '난 서비스 기획 고연차일까 아니면 PO 저연차일까?'

막연히 세상은 두 직무가 다르다고 강조했고, 너무나 많은 것을 바꾸고 버려야 한다는 생각에 도리어 겁을 먹을 정도였다. 마치 신입사원이 된 듯한 큰 각오를 해야 한다고 생각했고, 그 두려움은 스스로의 자존감에 상처를 주었다.

그런데 막상 한참을 일하고 돌아보니, 새로운 방식으로 일한다고 해서 기존 경험이 의미 없어지는 건 아니었다. 나의 본질과 직업 자체가 변화한 것은 아니었으니까. 그저 내가 마음먹었던 불안의 크기가 더 컸던 탓에 완전히 다른 존재로 느껴졌을 뿐이었다.

'내가 대체 왜 이런 생각을 했던 거지?'

일하는 방식을 바꾼 뒤 진행했던 첫 프로젝트가 끝나고 얼마 뒤, 나는 스스로가 다른 의미에서 바보처럼 느껴졌다. 나는 주눅 들어 있었고 반면에 인정받고 싶다는 생각에 예민하고 뽀족했다. 상품 등록을 할 때 상품들의 옵션 컬러를 지정하는 방식을 두고 개발과 정책 논의를 할 때였다. 한 개발자가 옵션에서 컬러코드를 선택하는 것보다 옵션명과 컬러코드를 매칭해 두면 입력이 더 편할 것이라고 아이디어를 냈다. 컬러칩이나 색상명의 옵션을 고정시켜 두고 상품 등록 시 컬러를 선택만 하게 하자는 의견이었다. 나는 기존과 다른 개발자들과의 관계를 처음 겪으면서 힘들어하고 있었고, 박력 넘치는 대화 분위기 속에서 프로덕트팀이니까 메이커의 의견을 받아 줘야 한다는 생각에 어영부영 동의하며 넘어갔다. 하지만 오픈 직후부터 문제는 바로 발생했다. 우리가 만들어 놓은 색상은 디자이너와 함께 실제 데이터를 체크하며 조합한 30여 개 정도였는데, 실제 사용자들은 그것보다 훨씬 더 디테일하게 나뉘는 색상을 사용하고 싶어 했다. 예를 들면 빨강색 하나만 만들어 두었지만 의류 판매 셀러들은 '와인색', '레드'라는 텍스트를 선호했고 심지어 와인색과 레드는 엄밀히 말하면 다른 색이었다. 한참을 지나 오픈하고 나서 실수를 깨달았다.

제일 큰 실수는 내가 셀러들이 저런 식의 옵션명을 사용한다는 사실을 경험적으로 잘 알고 있었음에도 휩쓸리듯 의사 결정을 했다는 사실이었다. 일하는 방식을 바꾸면서 'PO는 Why를 바탕으로 할 일을 정하고, 메이커들은 적극적으로 의견을 내고 만들어 나간다'와 '크로스펑셔널한 프로덕트팀으로 일한다는 것'에 지나친 의미를 부여하는 과정에서 나는 겉으로는 빠르게 적응하고 인정받고 싶어서 경직되어 있었고, 속으로는 내가 그걸 모른다는 사실에 주눅 들어서 막상 해야 할 일에 있어 내 경험을 제대로 발휘하지 못했던 것이었다.

이 문제를 겪으면서 나는 정신을 차리고 일을 제대로 비교해 봐야겠다는 생각을 가질 수 있었다. 나는 완전히 다른 세상에 떨어진 앨리스가 아니었다. 새로운 세상과 환경, 변화에 압도당해 잠시 정신이 나간 것뿐이었다. 내가 지금껏 쌓아 온 경험과 이커머스 도메인에서의 지식은 여전히 살아 있었고, 그게 일의 방식만큼 중요한 '나의 가치'였다. 일의 방식의 변화를 통한 성장은 내가 지금껏 만들어 온 나의 가치에 더해지는 것이지 기존의 것이 모두 부정되고 없어지는 것이 아니었다.

직급이 아닌 스킬 업그레이드의 시대

"현재 서비스 기획자 N년 차인데 PO가 될 수 있을까요?"

기획자들이 모여 있는 오픈채팅 여러 곳에 참여하고 있는데, 종종 이런 질문을 만나고는 한다. 나는 그 질문을 한 사람들이 어떤 이유에서 그런 질문을 했는지 알고 있다. 내가 가지고 있던 생각과 같았을 것이다. 고백하건대 내가 시달렸던 생각들은 엄청난 FOMO(Fear Of Miss Out, 놓치거나 제외되는 것에 대한 두려움)였다. 기존의 일하는 방식에서 벗어나 새로 등장한 기류에 올라타야 '제일 잘하는' 기획자가 될 수 있고 '뒤처지지 않는다'는 생각에 시달렸다. 바로 그런 기분이 내가 이 우물에서 당장 탈출해야 한다는 공포의 본질이었다. 난 세상에서 말하는 대로 '미니 CEO처럼 리더십과 권한이 주어지며 크로스펑셔널팀에서 애자일하게 일하는 사람'이 되고 싶었다. 그리고 막상 내가 겪으며 깨달은 것은 일의 본질은 바뀌지 않는다는 점이었다.

아마존 Learning & Development 리더십 매니저인 대런 널랜드는 강연에서 직무 교육 시장에서의 변화에 대해 이야기했다. 과거에는 역량(capability)의 기준에서 직무 교육을 했다면 이제는 스킬(skill)의 시대로 바뀌었다고 그는 설명했다.

역량 중심의 직무 교육에서는 근본을 배운다. 예를 들어 우리 같은 기획자들에게 '올바른 프로덕트가 사용자와 비즈니스에 미치는 영향'이 무엇인지를 이해하게 하는 교육을 한다. 그러다 보니 항상 입문 교육이나 이론 교육에 포커싱이 되었다고 한다. 하지만 이제 직무 교육은 계속해서 입문자에게 역량의 그릇을 만들어 주는 것보다는, 이미 일을 하고 있는 사람들이 빠른 시간 내에 세상의 변화에 적응하면서 성과를 낼 수 있도록 기존의 스킬을 업스킬 혹은 리스킬하는 것이 중요하다고 강조한다(124쪽 참고). 오랜 기획자인 나에게 필요한 것도 기존의 일하던 방식이 아닌 상황과 대상에 적합하게 더 효과적으로 일하는 스킬을 배우는 것이었다.

착각했던 건 스킬의 변화를 지위의 변화처럼 느꼈던 것인데 사실 이 부분은 연봉이나 회사 마케팅적 차원의 영향도 크다고 생각한다. 시기에 잘 맞는 스킬을 구사하기에 연봉이나 선호가 높은 것이고 토스나 쿠팡 같은 회사들의 성과가 눈에 보였던 것인데, 그저 프로덕트 오너가 되기만 바란 것은 아니었을까. 프로덕트 오너는 종종 서비스 기획자의 넥스트 커리어로 오해받는다.

이런 현상이 기획자 바닥에서만 일어나는 일은 아니다. 퍼포먼스 마케터가 등장할 때 기존의 이벤트나 ATL* 중심의 마케터들이 위기와 공포를 느꼈고, 한때 디자이너 세계에서도 비주얼 디자이너, 패키지 디자이너, 프로덕트 디자이너로 이름이 나뉘면서 공포를 느꼈다. 하지만 팩트는 퍼포먼스 마케터가 생기고 프로덕트 디자이너가 등장해도 여전히 본질적으로 결과물을 만들어 낸다는 목표는 같다는 것이다.

나의 우물 탈출이란 리스킬의 과정이었고, 그 장르적 차이가 발생하는 이유와 환경에 대해서도 이해하게 되었기에 그 끔찍한 FOMO에서 벗

● Above The Line. TV, 라디오, 신문, 잡지 등의 전형적인 4대 매체 등을 포함한 비대인적, 한 방향 커뮤니케이션 활동이다.

어날 수 있었다. 만약에 이 차이를 직접 느끼고 고민할 기회를 만들지 못했다면 나는 여전히 신 포도를 바라보듯 불편과 불안을 반복하고 있었을 것이다. 여러 가지 다양성을 이해하지 못하고 '스킬적 차이는 큰 차이 없다'라고 말하는 것과, 양쪽을 다 겪어 보고 '스킬적 차이가 본질을 바꾸지는 않는다'라고 말할 때 말의 무게는 굉장히 다르다. 내가 원했던 '나의 일을 설명할 수 있는 사람'이 되기 위한 지금까지의 여정은 그래서 여전히 성장 중이다. 내가 대단한 프로덕트 오너로서 성공을 한 것도 아니고 세상을 바꾼 것도 아니지만.

나에게 우물 밖은 누군가에게는 우물 안일 수 있다

"한 번이라도 대기업에서 일해 보고 싶어서요."

스타트업에서만 이력을 쌓고 성장한 L은 프로덕트팀 PO로 일하는 방식에서 일잘러였다. 완벽하게 이론적으로 이상적인 스크럼 방식으로 일을 하고 있지는 않았지만 프로덕트팀으로 개발자, 디자이너와 한 팀을 이루어서 일하는 것에 익숙했고, 직접적인 의사 결정에 참여를 많이 하려고 노력했다. 그런데 이 친구는 반대로 클래식한 대기업에서 일해 보고 싶어 했다. 대기업에서도 자신이 여전히 일을 잘하는지 확인하고 싶고 인정받고 싶어 했다.

나와 정반대의 점프였다. 내가 일하는 방식을 바꾸려고 찾아간 곳도 누군가에게는 우물일 수 있다. 다른 조직 환경과 문화가 있는 곳에서도 잘하는 사람이 되기 위해서 누군가는 프로덕트 오너라는 이름을 버리고 서비스 기획자라는 이름을 찾아가기도 한다. 그리고 그 과정에서 분명 스킬의 성장을 이룰 수 있다. 움직인 방향이 달라도 결국 목적지는 같다. 그래서 그 친구의 점프를 나는 진심으로 응원해 줄 수 있었다.

물론 그 친구도 분명 지금쯤 새로운 어려움을 겪고 있을 것이다. 관료제적 조직 체계, 그리고 이익과 법무적 리스크에 대해 더 소극적이며 동시에 디테일한 보고 체계를 훨씬 더 중요히 여기는 세계관. 그곳에서 일하는 건 분명 어려운 점이 많을 것이다. 요구 사항의 규모도 대기업인 만큼 클 것이기에 그에 맞게 적응하느라 주눅이 들고 속상한 시간이 생길 수도 있다.

하지만 그런 조직이라서 더 잘할 수 있는 일도 있다. 꼭 변화한 지금이 변화의 전보다 무조건 좋은 것도 아니고, 내가 떠나온 환경에 대해서 기를 쓰고 부정할 필요도 없다. 그 친구도 나도 이런 변화를 통해서 성장할 수 있는 기회를 만들어 내고 있는 것뿐이니까.

리스킬과 더닝크루거 효과

무언가에 대해서 알아 가다 보면 아주 조금 알았을 때는 자신감이 상승하고 스스로를 과대평가하는데, 오히려 더 많이 알게 될수록 자신을 훨씬 과소평가하는 절망의 계곡을 걷는다. 이후 계속해서 노력하다 보면 객관화된 평가가 가능해지면서 그때부터 지속 가능한 자신감이 생긴다고 한다. 이를 나타낸 곡선이 더닝크루거(Dunning Kruger) 곡선이다.

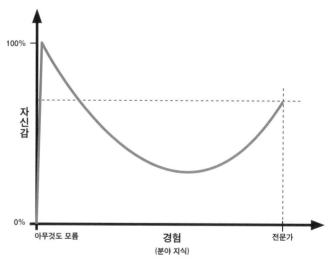

더닝크루거 곡선.

나는 저 곡선의 뒤쪽에 설명이 더 추가되어야 한다고 생각한다. 한참 지속이 된 후에 겪는 '익숙함과 지루함의 시기'가 오면 쓸데없는 과대평가도, 과소평가도 하지 않지만 X축인 '경험'의 속도가 늘어진다는 점을 말이다. 모든 흘러가는 시간이 경험이 되는 것은 아니다. 집중해서 노력한 시간만이 경험이 된다. 마치 '1만 시간의 법칙'이 알고 보면 무지성으로 반복된 시간을 제외하고 '새롭게 하려고 집중한 시간'만 카운트된다는 사실처럼 말이다.

그리고 변화는 이 그래프의 시작점으로 우리를 다시 리스타트시키며 일을 한 단계 업그레이드시킨다는 점도 깨달았다.

지난 3년간 일의 방식을 변화시켜 왔던 나의 여정은 속도를 잃고 더뎌지고 있던 경험적 축적의 시간을 리프레시하면서 나를 다시 더닝크루거 곡선의 맨 앞으로 돌아가게 해 줬다. 그리고 이 반복은 내게 일의 본질과 일하는 방법의 관계에 대해서 더 골몰할 수 있는 기회를 줬다. 10년의 시간이 지나면서 지루해졌던 나의 일에 있어 나는 오래전 지나온 절망의 골짜기를 다시 겪으며 그만큼 더 단단한 생각의 틀을 가지게 되었다. 일에서의 지속적인 성장을 만들기 위해서는 더닝크루거 곡선을 반복하며 더 넓은 메타인지를 키워 나가는 것이 중요한 게 아닐까. 그리고 시간이 지나면 이 깨달음의 기록과 생각조차 다시 더닝크루거 곡선의 맨 앞이었다는 것을 느끼며 한 단계 성장의 과정을 밟아 나가고 있기를 진심으로 바라 본다.

직업인으로서의
기획자의 성장

□

○

내가 하는 일의 본질 알기

2011년 처음 이 일을 시작한 이후, 나는 정말 아무것도 모르는 상태로 여기저기서 치이며 배워 나갔다. 어떤 날은 스스로 천재같이 느껴지다가도 또 어떤 날은 스스로가 바보처럼 느껴졌다. 그럴 때면 속상한 마음을 뒤로하고 더 많은 시간을 투자하며 일을 배우려 애썼다. 이런 일련의 과정을 거치면서 나는 내 후배들이 일을 빠르게 이해하고 쉽게 배울 수 있게 되길 바랐다. 내 경험에 빗대어 입사 전 공부하려고 노력했던 UX, HCI보다 기획자에게는 더 중요한 일들이 많다는 것에 대해서 이야기하고 싶었다. 그래서 글을 쓰고 강의를 하기 시작했고 그때부터 한동안은 개발보다 기획자에게 더 중요한 일들이 있다는 사실을 이야기하고 다녔다.

시간이 지나며 세계관 자체가 바뀐 것처럼 보이는 '프로덕트 오너'라는 용어가 급부상했고, 이와 관련해 왜곡된 질문이 많이 들어왔다. "서비스 기획자가 아니라 프로덕트 오너가 되어야만 시장에서 뒤처지지 않는 것 아닌가요?"와 같은 질문이었다.

경험을 바탕으로 이 질문에 대답할 수 있게 된 지금, 역시 이 질문 자체가 잘못됐다는 생각이 든다. UX나 HCI, 개발을 얼마나 배워야 하냐는 질문을 받을 때도 항상 대답은 마찬가지였다. "얼마나 배워야 남들보다 잘하냐는 경쟁적 사고방식을 벗어나서, 무엇 때문에 그 기술들이 업무에서 거론되는지를 맥락적 상황에서 이해할 수 있어야 한다"는 답변이었다.

"서비스 기획자가 아니라 프로덕트 오너가 되어야만 하냐"는 질문은 결국 "프로덕트 오너가 되어야 남들보다 더 성공한 기획자가 되는 것 아니냐"는 식의 질문과 같다고 생각한다. '프로덕트 오너는 미니 CEO'라는 단어에서 오는 그 압도적인 분위기 때문에 공포를 느낄 뿐이다.

하지만 잊고 있는 사실이 있다. 사실 프로덕트 오너라는 방식으로 일한다고 해도 일을 잘 못할 수도 있다. 어떤 방식으로 일하느냐는 일을 잘하느냐와 무관한 이야기다. 일을 잘하기 위해서 더 좋다고 결론 내려진 일하는 방식이라는 것도 없다. 일의 세계는 그렇게 단순하지 않다.

내가 하는 일의 본질은 '사용자에게 의미 있는 서비스를 사용자들이 찾고 싶도록 프로젝트를 통해서 잘 만들어 내는 것'에 있다. 여기서 의미 있는 서비스를 누가 정의하는지, 프로젝트는 어떻게 진행하는지, 사용자들의 마음을 어떻게 판단하는지 등의 요소는 회사마다 제각각 다를 수 있다. 그저 회사에 맞는 적합한 방식을 따르고 있는 것일 수 있다.

일의 본질을 잘 해내고 싶다는 것은 중요한 마음이다. 그리고 그것은

'인정받고 싶다'나 '연봉을 높이고 싶다' 혹은 '성공 가도를 달리는 회사에 입사하고 싶다'는 마음과는 별개의 것이다. 질문의 이면에 담긴 마음들을 하나씩 세세히 들여다보자. 환상을 품었던 대상에 대한 경험을 갖추고 그에 대한 본질을 해체해 나가다 보면 다른 결론에 다다를 수 있다.

"나는 어떤 회사에서 어떤 방식으로 일하며 어떤 부분에 있어 성장하고 싶은가?"

바로 이 질문이다. 그렇게 찾아간 나의 결론은 심플했다. 회사의 성공과 개인의 성공을 분리하고 회사 밖에서도 기획자로 살고 싶었다. 내가 속한 회사의 성공이 절대 기획자 혼자 만든 것이 아님을 잘 알기 때문이다. 그렇다면 개인의 성공으로는 회사의 성공이 아닌 다른 목표를 찾을 수 있다. 나의 성공의 기준은 나의 일을 잘 이해하고 설명할 수 있는 사람이 되는 것이었고, 계속 그런 방향으로 나를 단련시키려 노력하고 있다. 이런 생각을 나는 '직업인으로서의 프로덕트를 만드는 기획자'라는 한 문장으로 정의하고 있다. 어떤 명칭으로 불리든, 일하는 방식이 어떠하든 상관없다. 그저 내가 함께한 프로덕트가 꼭 세상을 바꾸지 않더라도, 나 자체로 충분히 의미 있는 일을 하는, 지금 필요한 중요한 문제들을 해결해 나가는 사람이 되고 싶다. 지난 몇 년간의 이 변화의 경험은 앞으로 직업인으로 살아갈 나에게 중요한 기준이 될 것 같다.

그럼 이제 무엇을 성장시킬 것인가?

나는 트레바리에서 많은 현직 기획자들과 함께 독서 모임을 운영하고 있다. 일부러 이 모임까지 찾아오는 기획자들은 알 수 없는 답답함이 있다고 토로한다. 일하면서 만나는 크고 작은 문제들 대부분은 오늘의 삶에 집중하면서 해소가 되지만, 긴 시간의 방향성에 대해서는 생각해 볼 시간도 기회도 많지 않기 때문이다. 어떤 책이든 배울 점이 있기에 읽으면서 자신의 경험들을 나누고 서로 이야기하다 보면 방향성에 대해서 함께 고민해 볼 여지가 생긴다.

일하는 방식을 바꾼 뒤 내가 좋아하는 일하기 방식을 고민하고, 우리 회사에서는 어떻게 일하는 게 더 적합한지 배우는 과정은 분명 여러 가지 면에서 성장의 시기였다. 지속적인 성장을 위해서 앞으로 지금의 생각을 또 깨고 리스킬하며 확장해야 할 것들에는 무엇이 있을까? 최근 반년 정도의 시간은 나에게 새로운 과제들을 보여 주고 있다.

매니저의 길 VS. IC의 길

일하는 방식과 스킬을 배워 나가는 것은 최종적으로 어떻게 조직과 일을 세팅할 수 있느냐로 이어진다. 그리고 그것은 리더의 역할에 해당한다.

기획 팀장이 되거나 CPO(Chief Product Officer)가 될 수 있느냐 혹은 창업을 하느냐로 커리어의 마지막에 대한 생각들을 많이 한다. 시니어에 해당하는 연차인 나도 '창업할 것이냐'는 질문을 의외로 자주 듣는다.

해외에서는 프로덕트 매니저의 커리어패스를 관리직으로 올라가는 매니저 트랙(manager track)과 IC 트랙(Individual Contributor track)으로 나눠서 본다. IC의 길을 걷는 사람은 연차가 높아지고 나이가 차도 리더가 되는 대신 실무적인 업무를 하는 것을 선택한 사람이다. 당연히 실무적 스킬을 계속해서 높여야 한다. 반대로 매니저 트랙을 택한 사람은 자연히 실무에서 조금씩 손을 떼며 업무를 배정하고 더 큰 방향성을 가지고 앞으로 나아가야 한다. 10년 이상 직무에서 스킬의 성장을 지속적으로 이뤄 왔다면, 그다음에는 본격적으로 어떤 트랙으로 가야 할지에 대해 고민해 봐야 한다. 나 역시 지속적으로 이 고민을 해 왔다. Lenny's Newsletter를 운영하는 실리콘밸리의 유명 PM인 레니 라치스키(Lenny Rachitsky)는 유명 기업에서 이 직무의 커리어패스를 어떻게 운영하고 있는지 정리해서 공유한 적이 있다.

이런 고민을 바탕으로 2023년 5월부터 새로운 시도를 해 보고 있다. 부문 리더인 조쉬와 프로덕트 거버넌스* 조직의 리더인 다산은 나의 이런 고민도 간파하고 새로운 제안을 했다. 하나의 도메인 프로덕트팀을

●   Product Governance. 기획자, 개발자, 디자이너와 같이 직접적으로 프로젝트를 진행하는 사람들의 일하는 방식을 고민하는 조직.

airbnb		Amazon		Dropbox		Google	Linkedin	
IC	**Manager**	**IC**	**Manager**	**IC**	**Manager**	**(track 구분 없음)**	**IC**	**Manager**
Product manager (1)		[No L3]		Product Manager (1)		Associate Product Manager	Associate Product Manager	
Product manager (2)		Product Manager I		Product Manager (2)		Product Manager (1)	Product Manager	
Product manager (3)		Product Manager 2		Product Manager (3)		Product Manager (2)		
Product manager (4)	product lead (1)	Sr. Product Manager	Sr. Manager, Product Manager	Sr. Product Manager	Area Lead	Sr. Product Manager	Sr. Product Manager	
principal product manager	product lead (2)	Principal Product Manager	Director, Product Manager	Principal Product Manager	Group Product Manager	Group Product Manager	Principal Product Manager	Group Product Manager
	Director of product management			Director of Product Management	Director of Product Management	Director of Product Management	Sr. Principal Product Manager	Director of Product
					Sr. Director of Product Management	Sr. Director of Product Management		Sr. Director of Product
	VP of product		VP of Product Management		VP of Product Management	VP of Product Management	VP of Product Management	VP of Product Management
			[No L9]					

운영하는 것을 넘어서 여러 개의 프로덕트팀에 연결된 복잡한 프로덕트를 다루는 '그룹 프로덕트 매니저(GPM, Group Product Manager)'의 역할을 만들어 가 보자고 했다. 기업마다 GPM에 대한 정의는 다르다. 완벽히 그룹의 상위 리더일 수도 있지만 현재 내가 생각하고 있는 GPM은 이와 다른 중간적 방식이다. 업무적 관점에서 GPM은 상위 관점에서 조율하기 위해서 특정 목표에 한해 리더의 역할을 한다. 따라서 시니어로서 역량을 발휘하고, 주니어 기획자들의 성장을 도와줄 수 있는 여지가 생긴다. 하지만 개인을 평가하는 권한은 없다. 매니저 역할에 대해서 더 고민할 여지가 있으면서 일하는 방식에 대해서도 고민할 수 있다는 점이 나에게는 제3의 길처럼 느껴진다.

그럼에도 매니저 트랙에서 보이는 지점들도 보이기 시작하면서, 실무자의 관점과 매니저의 관점을 비교하고 정리할 수 있다는 생각이 들었다. 또 하나의 확장을 겪어 가고 있다. 이 기간을 통해서 나의 커리어패스에 대해서도 더 생각해 볼 수 있지 않을까 기대가 된다.

워라밸, 워커홀릭을 넘어선 멘탈 균형

2023년에 개인적으로 가장 많이 들은 질문 중 하나는 일에 대한 것이 아니었다.

"이 직업을 가지고 있으면서 어떻게 출산하실 생각을 하셨어요?"

2023년 3월 나는 출산율 0.72명의 시대에 아기를 낳았다. 임신했다는 사실이 알려지면서부터 동료들의 상담 요청이 왔을 뿐 아니라 인터뷰어로 참여한 책의 북토크 현장에서도 위의 질문을 받았다. 상담을 요청하고 질문을 한 사람들 모두가 나와 같은 직무를 가지고 있었다. 그중 한 친구의 이야기가 기억에 남는데, 그 친구는 이렇게 표현했다. "항상 많은 것에 신경 쓰고 집에서도, 심지어 자기 전에도 일 생각을 하게 되는데 아기까지 잘 키울 자신이 없다"는 것이다. 물론 기획자들은 항상 성공적인 서비스와 프로덕트를 만들고자 노력하기 때문에 이런 질문을 하는 것도 이상하지 않다. 나는 임신 기간과 육아를 시작하고 난 뒤 느낀 것을 이야기해 주었다. 이 직무의 특징은 기획의 디테일부터 프로젝트의 이슈까지 잘 파악하고 빠르게 정리하는 '장악력'을 높이는 것인데, 육아에 대해서만큼은 장악력을 높이기 어렵다는 사실이었다. 아이에게 들이는 시간과 아이에게 집중하는 모든 것들은 어쩌면 능동태보다는 수동태에 가깝다는 생각을 전달했다. 그런데 이 이야기를 하며 서로 웃음 지은 포인트가 있었다. 우리가 가지고 있는 업계에 대한 편견을 이야기할 때였다.

이 업계에는 독특한 로망이 있다. 밤을 새우며 개발자와 씨름한 끝에 겨우 일정에 맞춰 서비스를 오픈하거나, 자발적으로 주말에도 일에 취해 있는 것, 이런 과정을 통해 원했던 결과를 만들어 내는 아드레날린 팡팡

터지는 경험에 대한 로망이다. 반면 마음 어딘가에는 그렇게 몰두하지 못하는 자기 자신에 대한 불안과 비하가 존재한다. 이런 불안은 국내외를 불구하고 마찬가지다. 실리콘밸리 기획자인 맷 르메이가 많은 기획자들의 이야기를 함께 담아 출간한 《프로덕트 매니지먼트의 기술》에서는 이런 오해를 풀기 위해 "프로덕트 매니저는 매주 60시간씩 일하지 않는다"라는 말을 담아 뒀을 정도다. 성공 신화를 위해서 만들어진, 혹은 기업 입장에서 많은 이들에게 심어 준 환상은 우리 직무의 사람들이 매번 '내가 시간을 더 썼어야 하는데'라는 후회를 하게 만든다.

나 역시 그런 생각을 가진 채로 육아라는 일이 늘어나는 것에 대해서 적응하는 중이다. 일과 삶을 다루는 방식에 대해서 또 새로운 성장을 만들어야 하는 기로에 서 있다. 직업과 더불어 삶에서도 연차가 쌓인 탓이다. 꼭 불타오르는 열정으로 모든 시간을 투자하는 것이 성과를 내는 길이 아니라는 선배들의 이야기를 드디어 체화할 시간이다. 절대적인 시간보다는 집중의 강도와 깊이가 중요하다는 것을 느끼려면 나는 또 얼마나 많은 좌절과 고통의 시간을 가져야 할까.

하루 이틀만 일하고 말 것이 아니기에

직업인으로서 자신의 미션과 목표에 충실한 것은 기본이다. 하지만 직업인으로서 자신의 모습을 어떻게 만들어 가느냐는 관성과의 끊임없는 싸움을 필요로 한다. 내가 해 보지 않은 방식으로 일을 하는 것, 내가 판단할 수 없는 타인의 성과를 낮추어 보지 않는 것, 내가 잘 아는 분야와 익숙한 것도 본질에 대해서 깊게 고민해서 자신감을 갖고, 그 외에 스킬이나 입장과 상황은 언제나 변할 수 있다는 사실을 아는 것. 그런 생각들이 계속해서 날 기획자로 살아가게 해 주지 않을까. 초등학교 시절 합창단을 할 때, 지휘 선생님이 항상 강조했던 이야기가 있다.

"같은 음을 길게 내기 위해서는, 호흡도 길어야 하지만 계속해서 조금 더 높은음을 낸다는 느낌으로 유지해야 한다."

마찬가지다. 스스로 일을 잘한다고 생각한다면 어느 순간부터는 더 일을 잘하기 위해서 애를 쓰고 변화해야 한다. 10년이라는 성장이 매너리즘으로 더뎌질 때, 더 높은음을 내기 위해 배에 힘을 단단히 주는 시기가 있었음에 감사하다. 나는 이제 일을 월등히 잘하냐에 집중하는 일잘러가 아닌 '일잼러'의 삶을 택하려 한다. 일잼러란 일에 재미를 느끼는 사람을 의미한다. 내가 하는 일을 더 잘 알게 되고 회사가 내게 원하는 일의 방식을 구분할 줄 아는 눈이 생기자 나는 일이 더 재미있어졌다.

프로그 리핑(Frog Leaping)

이 책을 생각하게 된 날을 생생하게 기억한다. 임신 기간 중 조기 수축으로 인해서 한 달간 병실에서 누워 있어야 했다. 말이 한 달이지 아무것도 하지 않고 한 달을 밥 먹고 누워만 있어 본 적은 처음이었다. 게으름 부리던 어린 시절에는 아무리 방학 때라 해도 집 안에서는 걸어 다녔는데, 언제 조산할지 모르는 위기의 임산부는 32주 만삭에 가까운 배를 불편해하며 침대에 누워 있어야만 했다. 검진을 왔다가 갑작스러운 입원을 당한 나는 똑바로도 누울 수 없어서 모로 누워 하루하루 시간을 죽이고 있었다. 언제 퇴원이 가능할지 모르는 상황에서 나는 그간의 시간을 되돌아봤다. 첫 회사에서 10년을 보내고 변해 보겠다고 3년을 더 달린 시간. 의도하지 않았지만 찬찬히 돌아보니 그 시간 동안 나의 성장이 자랑스럽게 느껴졌고, 글로 남기면 나와 같은 누군가에게 도움이 되겠지 하는 생각으로 목차를 정리했다. 육아 덕에 책의 집필 기간은 너무나 길어졌지만, 조용한 병실에서 온전히 나 혼자만의 시간을 보내지 않았다면 이렇게 진솔한 글을 쓰겠다고 마음먹긴 힘들었을 것 같다. 지나치게 솔직한 생각이 많이 담긴 글이라 어떻게 읽혔을지 걱정도 된다. 하지만 내가 겪은 이 모든 과정 자체가 내게는 행운이었다.

이 책을 쓰며 '우물 안 일잘러'에서 벗어난 과거의 이야기를 한참 하고 있을 때, 우연히 'Frog Leaping'이라는 단어가 있다는 것을 알게 되었다. 말 그대로 개구리의 점프를 뜻하는 단어로, 급격한 변화와 성장을 이야기한다. '모바일의 등장이 온라인 사업에 있어서 프로그 리핑이 되었다' 같은 용례가 있다.

이 단어를 알게 된 순간, 지난 몇 년간 내가 만들어 온 변화가 나에게 어떤 의미인지 더 선명하게 이해되었다. 나는 내가 너무나 익숙하게 지내 오던 우물 안에서 흔히 '고인 물'로 썩어 버리기 전에 탈출하고자 했고, 여러 고민 끝에 나를 변화시킬 수 있는 환경으로 점프했다. 서비스 기획자에서 프로덕트 오너가 된 것이 결코 상위 레벨 업의 넥스트 스텝이라고 생각하지 않는다. 내가 했던 점프는 내가 하는 일에 대한 나의 시각을 변화시키는 큰 변화였다. 나의 프로그 리핑이었다는 표현이 전혀 아깝지 않다. 이 책을 끝까지 읽은 많은 사람들이 이런 질문을 할 수도 있다.

"그래서 당신은 프로덕트 오너로서도 일을 잘하게 되었다고 생각하시나요?"

이 책을 다 쓰고 난 나는 그래도 이런 대답을 할 수는 있을 것 같다.

"일을 잘하는지는 모르겠지만, 적어도 '서비스 기획자'와 '프로덕트 오너'라는 이름과 차이에 대해서 저만큼 심각하게 고민한 사람은 별로 없을 것 같아요. 그리고 일의 방식이 달라도 결국 기본기가 같아서 다른 방식으로 내 기본기를 되돌아볼 수 있었다는 것에 자부심이 생겼습니다."

"앞으로 이렇게 계속 일의 방식을 바꿔 가면서 기본기를 되짚어 나간다면, 추후에 또 다른 일의 방식이 퍼져 나갈 때도 다시 또 배우며 10년은 더 일할 수 있지 않을까 하는 꿈을 꾸게 되었습니다."

서비스 기획자에서 프로덕트 오너라는 이름으로 넘어오면서, 나는 나와 같은 고민과 불안을 겪는 사람들에게 좋은 선례를 남기고 싶었다. 직무와 일하는 방식을 옮겨도 '핏(fit)' 때문에 고통받지 않을 수 있다는 것. 이제 와 되돌아보니 그 생각이 얼마나 거창했던 것인지 깨달았다. 지금은 서비스 기획자, 프로덕트 오너, 프로덕트 매니저 어떤 이름으로 일하고 있든 이 일에서 일하는 많은 사람들이 이름으로 인한 스트레스에서 벗어나서 스스로의 직업에 자부심을 가지고 스스로 어떻게 일하고 싶은가에 더 관심을 기울일 수 있길 바랄 뿐이다. 또 이 직업이 아니더라도 긴 시간 일해 오면서 이후의 성장에 대해서 고민해 본 사람들이라면, 분명 변화의 기회를 현재 회사에서도 또는 이직이나 대외 활동을 해서라도 만들어 낼 수 있을 것이니 희망을 가지길 바란다. 세상은 계속 발전하고, 덕분에 우리도 계속 성장할 이유가 있으니까.

이제 펜을 내려놓고 다시 앞을 볼 타이밍이다. 다음의 또 다른 성장을 위해 난 계속 뚜벅뚜벅 걸어가야겠다.

Thanks to

단순히 직무서도 아닌 에세이의 형태로 직업인로서의 이야기를 담는 것은 저에게 너무 큰 도전이었는데요. 이 과정에서 임신, 출산까지 겪으면서 긴 시간 갈피를 잡지 못하고 원고를 쓰지 못하고 있을 때도, 묵묵히 기다려 주신 백도씨 출판사와 강정민 에디터님 감사드립니다. 또 강제력 있게 원고를 써 나갈 수 있도록 요일별 연재 프로그램에 초대해 주셨던 카카오 브런치에도 감사드립니다.

제가 오만에 빠지거나 좌절하고 있을 때, 거기에 머물지 않게 도와주고 변화시켜 준 카카오스타일(구. 크로키닷컴) 크루분들께도 감사드립니다. 카카오스타일의 일하는 방식의 변화를 이끄신 조쉬와 다산, 그리고 초반에 제가 해야 하는 역할이 무엇인지 많은 힌트를 주며 트레이닝시

커 준 비글께도 감사드립니다. 또, 이론으로만 알고 있던 스크럼 프레임 워크를 실제 스프린트까지 함께 적용해 보고자 노력했던 내가 아는 가장 제너러스한 개발 리더 제이와 주문팀(에이스, 오티스, 니콜, 애셔(BE), 애셔(FE), 제일린, 시나, 케이, 셀린)께도 감사드립니다. 제 배움의 변화를 정리할 수 있도록 매번 발표할 수 있는 기회를 많이 주셨던 다산과 로버트께는 한 번 더 감사드립니다. 항상 더 배우고 성장하고 싶게 만드는 조쉬와 예상치 못했던 DM으로 응원해 주신 로이 덕분에 앞으로의 성장도 용기 낼 수 있을 것 같습니다.

출산 후 가장 바쁜 육아의 시기임에도 출산 후 50일부터 회사에 복귀하고 책도 쓰는 저를 이해해 준 가족분들께도 감사드립니다. 웃음만으로도 나의 힘이 되는 우리 아가 준성이, 바쁜 엄마 대신 아기를 키워 주고 계시는 우리 엄마 박보숙 여사님. 그리고 책 쓰는 주말에는 온전히 아기를 혼자 봐 주느라 고생인 매번 고마운 나의 조력자 남편 이건호 씨, 정말 사랑합니다.

마지막으로 이 모든 경험과 고민의 시간의 시작점이 되어 준, 교보문고에 리뷰를 남겨 주신 이름 모를 리뷰어님, 이 책은 어쩌면 당신이 주신 챌린지에 대한 답변이었을지도 모르겠습니다. 언젠가 나타나신다면 살짝 정체를 밝혀 주세요. 제가 밥 한 끼 꼭 사 드리겠습니다.

잘나가는 서비스 기획자 도그냥은
왜 PM/PO가 되었을까?

2024년 04월 08일 초판 01쇄 인쇄
2024년 04월 17일 초판 01쇄 발행

지은이 이미준
발행인 이규상 편집인 임현숙
편집장 김은영 책임편집 강정민 책임마케팅 이채영
콘텐츠사업팀 문지연 강정민 정윤정 이채영
디자인팀 최희민 두형주
채널 및 제작 관리 이순복 회계팀 김하나

펴낸곳 (주)백도씨
출판등록 제2012-000170호(2007년 6월 22일)
주소 03044 서울시 종로구 효자로7길 23, 3층(통의동 7-33)
전화 02 3443 0311(편집) 02 3012 0117(마케팅) 팩스 02 3012 3010
이메일 book@100doci.com(편집·원고 투고) valva@100doci.com(유통·사업 제휴)
포스트 post.naver.com/black-fish 블로그 blog.naver.com/black-fish
인스타그램 @blackfish_book

ISBN 978-89-6833-467-2 03000
ⓒ이미준, 2024, Printed in Korea